Nordische Mythologie

Ein fesselnder Überblick über nordische Mythen, Götter und Göttinnen

Inhaltsverzeichnis

Einführung

Thor, Loki, Odin und Asgard. Diese Worte kommen Ihnen vielleicht bekannt vor, vor allem denjenigen, die große Fans von Comics, Superheldenfilmen und Videospielen sind. Manche kennen Thor, den hammerschwingenden Donnergott, oder vielleicht auch den Superhelden aus dem Kino. Manche stellen sich unter Asgard vielleicht auch eine goldene Stadt der Wissenschaft mit schimmernden Palästen vor. Manche stellen sich vielleicht sogar Odin als den weisen, väterlichen König der nordischen Götter vor.

Hollywood hat zweifellos eine große Rolle dabei gespielt, der Welt diese mythischen Figuren und Orte vorzustellen. Durch die Filme wissen die meisten, dass Mjölnir der Name von Thors mächtigem Hammer ist und dass Bifröst die Brücke ist, die Mittelerde und Asgard miteinander verbindet. Durch die Comics weiß fast jeder, dass Loki der Gott des Unheils ist und Odin der einäugige Gott. Und durch Videospiele wissen die Menschen, dass das nordische Universum aus neun verschiedenen Reichen besteht und dass in jedem dieser Reiche verschiedene Völker und Kreaturen leben. Aber die nordische Mythologie hat noch so viel mehr zu bieten als das, was in den Medien dargestellt wird.

Die *Poetische Edda* und die *Prosaische Edda* sind die beiden Hauptquellen der nordischen Mythologie. Die meisten Quellen sind in Form von Gedichten verfasst und erzählen detaillierte Geschichten aus dem nordischen Universum. Die *Völuspá*, das bekannteste Gedicht der *Poetischen Edda*, enthält ein Gespräch zwischen Odin und einer mächtigen Seherin über das Universum, von der Erschaffung der Welt bis zu Ragnarök, der katastrophalen Zerstörung des Kosmos und der Wiedergeburt einer neuen Welt. Ein weiteres bekanntes Gedicht in der *Edda* heißt *Grímnismál*. In diesem Gedicht teilt Odin, verkleidet als wandernder Reisender, viele Informationen über die Welt mit, insbesondere über die vielen Reiche in der Festungsstadt Asgard.

Die nordische Mythologie ist auch voll von interessanten Erzählungen und Geschichten über die Abenteuer der Götter und Helden. Einige sind unterhaltsam, wie zum Beispiel die Geschichte von Thor, der sich als Braut verkleidet auf ein Abenteuer begibt, um seinen Hammer zu holen. Manche Geschichten haben ein tragisches Ende, wie der Tod der Walküre oder von Brünhild und ihrem Geliebten Sigurd, während es auch grausame Geschichten gibt, wie die, dass Loki mit den Eingeweiden seines eigenen Sohnes gefesselt wurde und wie Tyr seine Schwerthand an den Riesenwolf Fenrir verlor. Kurz gesagt, die nordische Mythologie ist reich und eigenartig zugleich, aber auf jeden Fall eine Entdeckung wert.

Es gibt viele Legenden, die sich um die nordische Mythologie ranken, aber dieses Buch konzentriert sich darauf, einige der berühmtesten Geschichten aller Zeiten nachzuerzählen. Wir beginnen mit der Erschaffung der Welt und einer fantasievollen Beschreibung aller neun Reiche des nordischen Universums, bevor wir in die Geschichte des ersten Menschenpaares in Midgard eintauchen und die Erzählung darüber, wie die Götter gegeneinander Krieg führten, bis ein Waffenstillstand die beiden himmlischen Stämme schließlich wieder vereinte.

Odin, Thor und Loki sind sicherlich nicht die einzigen Götter im nordischen Pantheon. Freyja, Frigg, Heimdall, Tyr und Baldur sind einige andere, die alle ihre eigenen einzigartigen Eigenschaften und Fähigkeiten haben. Im zweiten Teil des Buches erfahren die Leserinnen und Leser nicht nur Einzelheiten über die einzelnen Gottheiten, sondern auch ihre faszinierenden Geschichten und ihre mythischen Abenteuer.

Die nordischen Schicksalsfrauen haben bereits über das Schicksal aller Lebewesen im Universum entschieden, auch über das der mächtigsten Götter, die hoch oben auf ihrem Thron sitzen. Fast alle werden ihrem Untergang entgegengehen, wenn Ragnarök naht. Die Götterdämmerung wird jedoch erst dann stattfinden, wenn sich mehrere Prophezeiungen erfüllt haben. Alle diese wichtigen Ereignisse, die zum Ende der Welt führen, werden im dritten Teil des Buches anschaulich geschildert: die Fesselung von Odins ärgstem Feind, der Tod Baldurs, die Bestrafung Lokis und der Fimbulwinter.

Bevor es schriftliche Manuskripte gab, wurden diese mythischen Legenden, Sagen und Prophezeiungen mündlich von einer Generation zur nächsten weitergegeben. Man kann also davon ausgehen, dass zwar viele Geschichten bis heute überlebt haben, dass aber auch viele andere verschwunden sind, verloren in der Geschichte. Die Geschichten, die überlebt haben, sind in verschiedenen Formaten verewigt worden, sei es in einer Sammlung alter Gedichte, in Theateraufführungen, in modernen Filmen oder in bunten Comics. Sie alle enthalten jedoch unterschiedliche Versionen und Darstellungen. Wir können nie sicher sein, welche dieser Versionen die sind, die die Wikinger an ihre Söhne und Töchter weitergegeben haben.

Dennoch versucht dieses Buch, so nah wie möglich am Original zu bleiben. Die Leser werden nicht nur mit fesselnden Geschichten rund um die nordische Welt konfrontiert, sondern auch mit spannenden Erzählungen über die Götter und ihre komplexen Profile. Einige der Überlieferungen und Details werden Sie vielleicht schon kennen, aber viele andere werden Sie überraschen.

Kapitel 1 - Die Anfänge des nordischen Kosmos

„Einst war das Alter, | da Ymir lebte:

    Da war nicht Sand nicht See, | nicht salzge Wellen,

    Nicht Erde fand sich | noch Überhimmel,

    Gähnender Abgrund | und Gras nirgend. "

    (*Völuspá*, Strophe 3, übersetzt von Karl Simrock)

Das Jahr ist unbekannt. Die Zeit ist noch nicht erschaffen. Tag und Nacht gibt es nicht. Es gibt keinen Regen, keine Sonne, nicht einmal den Himmel. Es gibt nichts als eine große Leere, eine Leere, die darauf wartet, dass die Natur ihren Lauf nimmt. Dieser bodenlose Abgrund wird Ginnungagap genannt, und hier liegt der eigentliche Anfang des Universums.

Bald bilden sich nördlich und südlich des gähnenden Abgrunds zwei riesige Urreiche. Im Norden befindet sich ein Land namens Niflheim. Dieser dunkle Ort ist von nichts als extremer Kälte, Eis, Schnee und endlosem Nebel erfüllt. Im Reich Niflheim findet man auch Hvergelmir, die erste Quelle der Welt und die Quelle aller Flüsse und Gewässer. Dies ist auch die Quelle, in der eine große Anzahl von Schlangen Zuflucht findet. Diese giftigen Schlangen geben ihr Gift in der Quelle ab, das in Verbindung mit dem Wasser elf Flüsse bildet, die in der nordischen Mythologie als Élivágar bekannt sind.

Diese Flüsse fließen aus dem Land des Nebels nach Ginnungagap. Bald holt die Kälte den Strom ein und lässt den Abgrund gefrieren. Ginnungagap ist keine Leere mehr, denn der Frost hat sich der Leere bemächtigt.

Während Niflheim im Norden von Ginnungagap liegt, befindet sich im Süden ein weiteres gewaltiges Reich namens Muspelheim. Im Gegensatz zum vorherigen Urland, das noch kälter ist als die Kälte selbst, ist das Reich Muspelheim das genaue Gegenteil. Es ist ein Land des Feuers, mit brodelnder, heißer Lava, bis die Luft voller Ruß ist. Das Land wird von riesigen, roten Flammen erhellt, die ohne Unterlass brennen.

Diese beiden Elemente, Eis und Feuer, prallen im Zentrum von Ginnungagap aufeinander. Die heißen Funken und Flammen aus dem Reich Muspelheim berühren den Rand der gefrorenen Leere und lassen das Eis allmählich schmelzen, bis sich Wassertröpfchen und warme Nebel in der Luft verteilen.

Aus dem geschmolzenen Eis, den Wassertröpfchen, den warmen Nebeln und dem Gift von Ginnungagap entsteht das erste Wesen der Welt. Es ist ein Riese namens Ymir, der allererste seiner Art. Während Ymir im Land des Nichts schläft, schwitzt das große Wesen fürchterlich. Aus dem Schweiß unter seinen Achseln werden zwei weitere Riesen geboren: ein männlicher und ein weiblicher. Dann bewegt Ymir seine Beine, und als sie zusammenkommen, schwitzt er erneut. Aus dem Schweiß zwischen seinen Beinen bringt Ymir wiederum einen weiteren Riesen hervor. Von diesem Zeitpunkt an werden immer mehr Frostriesen geboren. Schließlich hat Ginnungagap Einwohner.

Wie alle Wesen, die wir in unserer Welt kennengelernt haben, brauchen Ymir und die Riesen Nahrung, um zu überleben. Es stellt sich heraus, dass Ymir nicht das einzige Wesen war, das aus diesem Ereignis hervorging, als die Elemente Eis und Feuer in der Mitte von Ginnungagap aufeinandertrafen. Auðumbla, deren Name aus dem Altnordischen stammt und hornlose, milchreiche Kuh bedeutet, ist eine urzeitliche Kuh, die für die Ernährung der Frostriesen verantwortlich ist. Ymir und die anderen Frostriesen ernähren sich von Auðumblas Milch, denn nur so können sie am Leben bleiben. In einigen Berichten wird sogar behauptet, dass vier Milchflüsse aus Auðumblas Zitze flossen und die Riesen aus diesen

Flüssen tranken, um sich zu ernähren.

Ymir trinkt bei der Kuh Audhumla von Nicolai Abildgaard, ca. 1777.
https://commons.wikimedia.org/w/index.php?curid=639093

Als Auðumbla schließlich Hunger bekommt, wandert die Kuh umher und sucht nach einem Stück Eis, das sie lecken kann. Da es auf der Welt noch keine Gräser gibt, hat Auðumbla einen bestimmten Fleck Eis, zu dem sie jeden Tag zurückkehrt, um sich zu ernähren. Am ersten Tag, als Auðumbla zum ersten Mal mit ihrer Zunge über das Eis fährt, kommt ein Stück Haar zum Vorschein. Am zweiten Tag kehrt Auðumbla zurück, um sich zu nähren. Als sie wieder mit ihrer Zunge über den Eisblock fährt und ihn ableckt, bis sie satt ist, erscheint ein Männerkopf aus dem Eis. Am dritten Tag schließlich leckt Auðumbla an demselben Eis, und ein Mann bricht heraus.

Dieser Mann ist kein gewöhnliches Wesen im Universum. Dieser besondere Mann, der aus dem Eis kam, heißt Buri und ist der erste Gott der nordischen Welt. Mit einer unbekannten Partnerin zeugt Buri bald einen Sohn, den er Bor nennt. Später heiratet Bor Bestla, eine Riesin und Tochter des Riesen Bolthorn. Aus dieser Ehe, die als die erste Ehe zwischen einem Gott und einer Riesin gilt, bringt Bestla drei göttliche Kinder zur Welt. Die

Namen dieser Kinder lauten Odin, Vili und Vé.

Obwohl die Bevölkerung zunimmt, vor allem die Riesen, verändert sich das Land nicht. Es bleibt leer. Und so müssen die drei Brüder, Odin, Vili und Vé, einen Weg finden, die Welt zu gestalten. Da auf dem Land nichts wächst, haben die Brüder keine Mittel, um mit dem Bau zu beginnen. Also schmieden sie einen teuflischen Plan: Sie wollen Ymir töten und seine gewaltigen Überreste nutzen, um mit dem Aufbau der Welt zu beginnen. Der Mangel an Ressourcen könnte der Hauptgrund für ihren Plan sein, den Urzeitriesen zu töten, aber einige Erzählungen deuten auch darauf hin, dass die Brüder sich durch die schnelle Vermehrung der Riesen bedroht fühlten und glaubten, dass die Riesen sie nur ins Chaos führen würden.

Da die Brüder wissen, wie groß Ymir ist, beschließen sie, den Riesen anzugreifen, während er schläft. Als Ymir schließlich die Augen schließt, ermorden Odin und seine Brüder ihn, ohne zu zögern. Sie stechen mehrmals auf den Riesen ein, und als er zu Boden fällt, strömt aus seinen frischen Wunden ein Schwall Blut. Ymirs Blut fließt so schnell an seinem leblosen Körper herunter, dass es den Ginnungagap überflutet. Alle anderen Riesen können ihrem Schicksal nicht entkommen und ertrinken, bis auf zwei: Ymirs eigener Enkel, Bergelmir, und seine Frau. Diese beiden Riesen sind gezwungen zu fliehen, indem sie auf einen lúðr klettern, eine Art Truhe oder Sarg, der auf Ymirs Blut schwimmt.

Nachdem der Plan der Brüder geglückt ist und Ymirs Körper leblos auf dem Boden von Ginnungagap liegt, können die Geschwister damit beginnen, die Welt zu erschaffen, die sie sich vorstellen. Mit Ymirs verbliebenem Blut erschaffen Odin und seine Brüder den großen Ozean, der die ganze Welt umgibt. Es gab so viel von Ymirs Blut, dass der Ozean nicht das einzige Resultat war. Die Brüder verwenden einen Teil des Blutes, um die vielen Seen und Tümpel auf dem Land zu schaffen.

Mit Ymirs Fleisch begannen die Götter dann, die Erde zu formen, die sie mit weiten Tälern und Ländern füllten. Indem sie die Knochen des Riesen über die Welt verstreuen, schaffen die Brüder sanfte Hügel und hohe Berge. Die Götter nutzen alle Teile von Ymirs Leichnam, einschließlich seiner abgebrochenen Zähne, um alle Steine, Felsen und Kiesel zu erschaffen, die überall auf der

Erde zu finden sind, von den Meeresküsten bis zu den Seeufern, Flussufern und Berghängen.

Mit Hilfe von Ymirs Schädel erschaffen Odin und seine Brüder den großen Himmel. Sie heben den Schädel und legen ihn über die Welt, so dass eine Kuppel entsteht. Die Götter müssen jedoch sicherstellen, dass die Kuppel bis zum Ende der Zeit hält. Und so beginnen sie, über eine Lösung nachzudenken. Dabei sehen sie unzählige Maden, die sich zuckend in Ymirs verrottendes Fleisch drängen. Nachdem sie sich die Kreaturen genauer angesehen haben, verleihen die Götter ihnen Bewusstsein und Weisheit sowie ein kostbares Geschenk: eine tiefe Leidenschaft und ein Talent für die Herstellung außergewöhnlicher Dinge. Die Maden verwandeln sich in Zwerge und leben unter Ymirs Fleisch, tief unter der Erde in den Felsen und weit unter den Bergen. Um das Problem des mächtigen Himmels zu lösen, wählen die Götter vier Zwerge aus und schicken sie in vier verschiedene Richtungen, wo sie den Himmel aufrechterhalten sollen. Diese Zwerge sind unter den Namen Nordri (Norden), Sudri (Süden), Austri (Osten) und Vestri (Westen) bekannt.

Ohne die funkelnden Sterne würde der Himmel leer aussehen. Die Götter reisen in das Reich Muspelheim und sammeln dort einige der leuchtenden Funken ein. Die Funken werden dann in den Himmel geworfen, wo sie sich in eine wunderschöne Ansammlung von Sternen verwandeln. Um die Sterne am Himmel zu begleiten, bedienen sich die göttlichen Brüder des Gehirns von Ymir, das sie über den Himmel verstreuen, so dass sie zu wogenden Wolken werden. Mit Ymirs Haar erschaffen Odin und die Brüder die Bäume. Mit den Augenbrauen des Riesen, oder den Wimpern, wie einige Quellen behaupten, bauen die Brüder eine große Mauer, um das Land vor den Riesen zu schützen. Das Land innerhalb dieser mächtigen Mauer wird Midgard genannt, ein Land, das die Menschen ihr Zuhause nennen.

Ein Riesenpaar, dem es gelungen war, der Flut zu entkommen, wird von den Göttern in die Berge verbannt, weit weg von Midgard. Dieses ungezähmte Gebiet aus dunklen Wäldern und Bergen wird Jötunheim genannt, und dies ist das Land, in dem die Riesen ihr Volk wieder aufbauen werden. Ein Nachkomme von Ymir, der den Namen Narfi trägt, hat eine wunderschöne Tochter. Ihr Name ist

Nótt, was Nacht bedeutet. Diese Riesin hat eine Haut so dunkel wie die Nacht selbst und langes Haar so dunkel wie Ebenholz.

Nótt, die als eine der schönsten Riesinnen gilt, die es je gab, soll dreimal geheiratet haben. In ihrer ersten Ehe heiratete sie einen Riesen namens Naglfari, und gebar ihm ein Kind namens Auðr, was Reichtum bedeutet. Ihr zweiter Ehemann heißt Annar, und sie bringt später eine Tochter namens Jörd zur Welt, was Erde bedeutet. In ihrer dritten Ehe heiratet sie Dellingr, dessen Name Morgenröte bedeutet. Im Gegensatz zu ihren beiden vorherigen Ehemännern ist Dellingr kein Riese. Vielmehr ist er ein Ase, ein Gott aus dem nordischen Pantheon. Das Paar hat einen gemeinsamen Sohn, den sie Dagr nennen, was Tag bedeutet. Im Gegensatz zu seiner Mutter hat Dagr eine Haut, die so hell ist wie der Tag, und er ist so schön wie die Götter.

Natürlich erfährt Odin bald von der Geburt Dagrs. Und so nimmt er sowohl Nótt als auch ihren strahlenden Sohn und gibt ihnen jeweils einen Wagen, mit dem sie über den Himmel reiten, bis Ragnarök die Welt endgültig vernichtet. Nótt reitet vor ihrem Sohn, und ihr Wagen wird von einem Pferd gezogen, das Hrimfaxi oder die Frostmähne genannt wird. Jeden Morgen, wenn das Pferd durch den Himmel reitet, erzeugt sein Trensengebiss Schaum, der auf die grünen Gräser und Blätter der Erde fällt. Der Mensch kann diese Wassertröpfchen jeden Tag vor Sonnenaufgang sehen, und sie werden Tau genannt.

Hinter Nótt folgt ihr Sohn Dagr in seinem eigenen Wagen ihrer Spur. Dagrs Wagen wird von einem anderen Pferd gezogen, das Skinfaxi oder die Glänzende Mähne heißt. Wie der Name schon sagt, ist dieses Pferd so hell, dass es den gesamten Himmel und die Erde darunter erhellt.

Odin beobachtet den Himmel zu jeder Zeit und sorgt dafür, dass Mutter und Sohn ihre endlose Reise über den Himmel bis zum Ende der Zeit mit der gleichen Geschwindigkeit fortsetzen. Die Welt verdunkelt sich, wenn Nótt vorbeikommt, und der Himmel erhellt sich, wenn Dagr auf seinem Wagen vorbeireitet. Und so entstehen Tag und Nacht. Da Nótt und Dagr einander am Himmel folgen, können die mächtigen Götter und die Menschen auf der Erde nun die Zeit ablesen.

Doch Nótt und Dagr sind nicht die Einzigen, die unter Odins sorgfältiger Beobachtung stehen. In Midgard lebt ein Mann, der den Namen Mundilfari trägt. Er hat zwei Kinder, die so schön sind, dass er sie Sol und Mani nennt, nach der echten Sonne und dem echten Mond, die von den mächtigen Göttern erschaffen wurden. Die Götter sind jedoch erzürnt über Mundilfaris prahlerisches Verhalten. Sie entreißen die schönen Geschwister ihrem arroganten Vater und geben ihnen eine Aufgabe. Die strahlende Schwester Sol soll in einem Wagen reiten, der die Sonne selbst über den Himmel zieht. Um die Erde vor dem Verbrennen durch die heiße Sonne zu schützen, stellen die Götter einen sagenumwobenen Schild namens Svalinn vor die Sonne. Während seine Schwester den Wagen der Sonne steuert, ist Mani für den Wagen zuständig, der den Mond zieht.

Die Wölfe auf der Jagd nach Sol und Mani von J. C. Dollman, 1909.
https://commons.wikimedia.org/w/index.php?curid=4722868

Natürlich würden sich die Geschwister nach ihrer endlosen Reise durch den Himmel gerne ab und zu ausruhen, aber sie wissen auch, dass sie dazu niemals in der Lage sein werden, zumindest nicht bis zum Ende der Zeiten, denn sie werden ständig von zwei riesigen Wölfen namens Hati und Sköll gejagt. Jeder dieser bösartigen Wölfe hat nur eine einzige Aufgabe: Sköll soll die Sonne verschlingen und Hati den Mond. Aber sie werden niemals Erfolg haben, solange Ragnarök nur ein Gerücht in der Ferne ist.

Kapitel 2 - Yggdrasil und die Neun Welten

„Riesen acht ich | die Urgebornen,

   Die mich vor Zeiten | erzogen haben.

   Neun Welten kenn ich, | neun Äste weiß ich

   An dem starken Stamm | im Staub der Erde. "

   (*Völuspá*, Strophe 2, übersetzt von Karl Simrock)

Die Götter, Menschen, Zwerge, Elfen, Tiere und die gesamte nordische Welt würden ohne die legendäre Esche nicht mehr existieren. Yggdrasil, von vielen auch als Weltenbaum bezeichnet, war in der Mitte des nordischen Kosmos entstanden, als die Elemente aus Niflheim und Muspelheim im Zentrum von Ginnungagap zusammentrafen. Er war so groß und massiv, dass das altnordische Gedicht *Völuspá* ihn als Freund des klaren Himmels bezeichnete. Seine Äste überspannten den Himmel, und seine gewaltigen Wurzeln reichten bis in die Unterwelt und zu drei heiligen Brunnen: Urdbrunnen, Hvergelmir und Mímisbrunnr. Yggdrasil war der Baum, der alle neun Reiche des nordischen Universums miteinander verband. Diese Reiche sind Asgard, Midgard, Vanaheim, Alfheim, Svartalfheim, Helheim, Jötunheim und natürlich die beiden Urreiche, Niflheim und Muspelheim.

Der heilige Baum vereinte nicht nur die neun Welten, sondern war auch die Heimat verschiedener Lebewesen. An der Spitze seiner höchsten Äste saß ein Adler mit großen Wissen; leider ist sein Name im Laufe der Zeit verloren gegangen. Dieser Adler war anders als alle anderen, die man in den Lüften fliegen sehen konnte. Es hieß, dass, sobald er mit den Flügeln schlug, einige der Äste von Yggdrasil brachen und einen starken Wind erzeugten, bis die Menschen in Midgard seine Brise spüren konnten. In einigen Berichten wird sogar behauptet, dass der Adler für Wirbelstürme und Taifune verantwortlich war.

Während an der Spitze von Yggdrasil der mächtige Adler lebte, lebte am Fuße der Esche eine Schlange, oder ein Drache, wie einige Quellen behaupten, die den ganzen Tag damit verbrachte, an den massiven Wurzeln des Weltenbaums zu nagen. Diese Schlange ist unter dem Namen Nidhöggr (Nidhogg) bekannt, nicht zu verwechseln mit Jörmungandr, der Riesenschlange, die die Erde umkreist. Ihr einziges Ziel war es, die Esche zu stürzen und die Welt ins Nichts und Chaos zurückzuversetzen.

Die Esche Yggdrasil von Friedrich Wilhelm Heine, 1886.
https://commons.wikimedia.org/w/index.php?curid=5240798

Nidhöggr, der Yggdrasil zerstören sollte, bekam einen Feind: den Adler. Jeden Tag tauschten die Schlange und der Adler Beleidigungen und Spott miteinander aus. Da die beiden Wesen weit voneinander entfernt lebten, denn das eine saß auf der Spitze des Baumes, das andere unter der riesigen Wurzel, war ein Bote nötig. Diese Aufgabe fiel Ratatoskr zu, einem Eichhörnchen, das am Baumstamm auf und ab huschte und verleumderische Botschaften überbrachte, um den Adler und Nidhöggr zu provozieren.

Andere Wesen, die Yggdrasil ihr Zuhause nannten, waren die vier Hirsche namens Dain, Dwalin, Duneyr und Durathror. Diese Hirsche überlebten, indem sie das Laub und die Äste des Baumes anknabberten. Natürlich hatte der Weltenbaum mit all diesen Kreaturen einige Verluste zu beklagen, aber seine Lebenskraft wurde dank der Fürsorge der Nornen nie erschöpft.

Die Nornen waren weibliche Wesen, die das Schicksal aller Lebewesen in der Welt kontrollierten und damit noch mächtiger waren als die Götter selbst. Es ist jedoch nicht bekannt, wie viele von ihnen es gab. Im altnordischen Gedicht *Fáfnismál* heißt es, dass es viele von ihnen gab und dass sie von den Göttern, Elfen und möglicherweise sogar von den Zwergen abstammten. In der *Völuspá* gab es jedoch genau drei Nornen, und sie galten als geheimnisvolle, aber mächtige Wesen, die weder von den Göttern noch von den anderen Wesen des Universums abstammten. Die drei Nornen namens Urd, Verðandi und Skuld lebten in einer Halle unterhalb von Yggdrasil, neben Urdbrunnen, auch bekannt als Brunnen des Schicksals. Die Nornen schöpften Wasser aus dem heiligen Brunnen, das sie mit Lehm mischten, bevor sie es benutzten, um den Weltenbaum zu nähren, damit er nicht verfaulte. Wenn sie nicht gerade Wasser aus Urdbrunnen schöpften, verließen die Nornen ihre Halle und besuchten neugeborene Kinder, um deren Schicksal zu bestimmen.

Asgard

Nachdem die Götter den Himmel, die Wolken, die Sterne, das Meer, das Midgard umgab, und die hohen Berge erschaffen hatten, brauchten sie ein Reich für sich selbst. Und so war das letzte Reich, das sie errichteten, Asgard, eine Wohnstätte für die Asen-Götter und -Göttinnen. Dieses Reich wurde hoch oben im Himmel erschaffen, an der Spitze von Yggdrasil. Es überragte die Reiche der Menschen. Asgard war durch Bifröst mit Midgard verbunden. Für die Götter war Bifröst eine Brücke, die sie oft benutzten, um die beiden Reiche zu besuchen, während Menschen die Brücke als einen Regenbogen sahen, der den Himmel schmückte. Kein Mensch konnte die Regenbogenbrücke überqueren, da sie eine rote Flamme enthielt, die jeden Sterblichen verbrennen würde, sollte er jemals versuchen, einen Fuß in die göttliche Welt zu setzen.

Obwohl die Bifröst eines der stärksten Bauwerke war, das die Götter je geschaffen hatten, und von Heimdall selbst bewacht wurde, war ihre Zerstörung während Ragnarök schon lange prophezeit worden. Es gab einfach keine Möglichkeit, dies zu verhindern.

Es ist fast unmöglich, sich vorzustellen, wie riesig das Haus der Götter war, aber alten Aufzeichnungen zufolge gab es in Asgard mehrere kleinere Reiche. Jedes von ihnen beherbergte Villen und legendäre Hallen, die verschiedenen Göttern und Göttinnen gehörten.

In der Mitte Asgards befand sich eine grüne Ebene, die als Idafeld bekannt war und auf der sich die Götter versammelten, um die wichtigsten Fragen der Welt zu besprechen. Auf dieser himmlischen Ebene befand sich auch das Reich Gladsheim. In diesem Reich befand sich Odins berühmteste goldene Halle, Walhalla. Ähnlich wie in Walhalla gab es eine weitere Halle für erschlagene Helden, die Folkwang genannt wurde. Der einzige Unterschied zwischen Walhalla und Folkwang war, dass letztere von der Göttin Freyja regiert wurde.

In der Nähe von Bifröst befand sich ein weiteres Reich, das als Himinbjörg bekannt war, was so viel wie Himmelsklippe bedeutet. Baldur, einer von Odins Söhnen, lebte in Breiðablik (Breidablik), während im Königreich Þrúðheimr (Thrudheim) eine Halle mit 540 Räumen namens Bilskírnir stand. Hier wohnten Thor, seine Frau Sif und ihre vielen Kinder.

Vanaheim

Aus dem Altnordischen übersetzt bedeutet Vanaheim einfach die Heimat der Vanir. Während die Asen-Götter in Asgard oft mit Krieg, Waffen und Gerechtigkeit in Verbindung gebracht wurden, verehrte man die Vanir-Götter für etwas völlig anderes. Die Vanir waren als mächtige Gottheiten bekannt, die mit der Natur, der Fruchtbarkeit, der Weisheit und der Magie in Verbindung gebracht wurden. Es wird sogar angenommen, dass sie die Fähigkeit hatten, die Zukunft vieler Wesen im Universum vorherzusagen.

Es ist jedoch nicht bekannt, wo sich Vanaheim in dieser mythischen Welt befand. Die Mehrheit der Gelehrten ist sich einig, dass es möglicherweise westlich von Asgard gelegen haben könnte. Ihre Überlegungen gehen auf ein altes Gedicht namens *Lokasenna* zurück, in dem es heißt, dass der Vanir-Gott Njörðr nach Osten segeln musste, um Asgard von seiner Heimat aus zu erreichen. Andere Gelehrte glauben jedoch, dass es in der Unterwelt, direkt unter den Wurzeln von Yggdrasil lag.

Es gibt nur wenige Informationen darüber, wie Vanaheim tatsächlich aussah, aber da das Reich von den Vanir selbst bewohnt wurde, können wir davon ausgehen, dass es ein angenehmes Land mit einer Fülle an schöner Natur und umherstreifenden Tieren war.

Alfheim

Das dritte Reich im nordischen Kosmos war Alfheim (Álfheimr), was direkt mit Elfenwelt

übersetzt werden kann. In der nordischen Mythologie wird angenommen, dass es zwei Arten von Elfen gab: die Ljósálfar (Lichtelfen) und die Dökkálfar (Dunkelelfen). Die Lichtelfen galten als schön und strahlender als die Sonne selbst, während die Dunkelelfen das genaue Gegenteil waren. Sie wurden als so dunkel wie Pech beschrieben. Alfheim wurde jedoch nur von den Lichtelfen bewohnt. Es soll eines der drei Reiche gewesen sein, die sich an den oberen Ästen von Yggdrasil befinden, die anderen beiden waren Asgard und Vanaheim.

Obwohl das Reich als Heimat der Lichtelfen bekannt war, wurde es überraschenderweise gar nicht von ihnen regiert. Stattdessen wurde Alfheim von dem Vanir-Gott Freyr regiert. Ob es eine direkte Verbindung zwischen dem Gott und den Elfen gab, bleibt ungewiss, aber die alten Gedichte erklärten, wie er seinen Thron über Alfheim erlangte. Die mächtigen Götter schenkten ihm das Land, als er ein Säugling war, gleich nachdem ihm sein erster Zahn gewachsen war.

Genau wie bei Vanaheim gibt es jedoch keine detaillierten Informationen, die die Welt von Alfheim beschreiben. Das Reich selbst wurde nur wenige Male in den alten Gedichten erwähnt. Da es aber von dem Gott der Fruchtbarkeit und der Magie regiert wurde, haben viele angenommen, dass Alfheim ein reiches Reich war.

Midgard

Aus der leeren Leere von Ginnungagap schufen die Götter eine wunderschöne Welt voller grüner Ländereien, reichlicher Ressourcen und gesunder Böden, auf denen die Menschen leben und die sie nutzen konnten. Einige nennen dieses Reich Midgard, während andere es unter dem Namen Mittelerde kennen. Anders als die anderen Reiche, die der Weltenbaum vereinte, befand sich Midgard weder an den Ästen noch an den Wurzeln. Stattdessen befand es sich an seinem Stamm. Mittelerde war über Bifröst mit Asgard verbunden, aber kein Mensch durfte die Brücke überqueren. Neben dem Land befand sich das gefährliche Reich Jötunheim, die Welt der Giganten. Um sicherzustellen, dass Midgard vor unerwünschten Angriffen der Riesen sicher war, errichteten die Götter eine gewaltige Mauer um das Land. Diese Mauer wurde mit Hilfe von nichts anderem als Ymirs Augenbrauen errichtet.

Doch die Mauer war nicht das Einzige, was Midgard von den wilden Landen von Jötunheim trennte. Ein großer Ozean umgab das Land, der so groß war, dass er das Zuhause der Weltenschlange Jörmungandr war. Es hieß, die Schlange sei so gewaltig wie die Erde selbst und könne mit ihrem langen, schuppigen Körper Midgard umschlingen und sich dabei selbst in den Schwanz beißen. Jörmungandrs ultimativer Feind war der Donnergott Thor, doch jedes Wesen im Universum musste sich über seine Bewegungen bewusst sein. Sobald die Weltenschlange ihren Schwanz losließ, stürzte ihr gesamter Körper in den großen Ozean und verursachte unaufhaltsame Überschwemmungen und Katastrophen in der Welt der Menschen. Ragnarök würde bald folgen, und eine tödliche Schlacht würde bevorstehen.

Jötunheim

Als Odin und seine Brüder Ymir erschlugen, verursachte sein Blut eine große Flut. Die beiden verbliebenen seiner Art, Bergelmir und seine Frau, waren gezwungen, in die dunkle Wildnis zu fliehen. Dieses Land wurde Jötunheim oder Utgard genannt, was jenseits des Zauns bedeutet. Es war der einzige Ort, an dem die Jötnar willkommen waren. Jötunheim, das an Midgard angrenzte und sich bis an den Rand der Welt erstreckte, war von der festungsartigen Heimat der Götter durch den Fluss Ífingr getrennt, einen legendären Fluss, der niemals gefror. Er floss so schnell, dass es für niemanden möglich war, ihn zu überqueren.

Manche glauben, dass Jötunheim ein kahles Land war, in dem nichts als Dunkelheit und schreckliche Gefahr herrschte, während andere behaupten, dass das Reich nur eine ungezähmte Wildnis war, die Midgard umgab, mit hoch aufragenden Bergen und mystischen Wäldern. Kein einziger Mensch würde sich jedoch leichten Herzens in das Reich wagen, zumal die Götter eine starke Mauer um Mittelerde errichtet hatten, um die Menschen vor allen Bedrohungen zu schützen, die jenseits des Zauns lauerten.

Neben Odin war Thor einer der wenigen, die im Land der Riesen problemlos überleben konnten. Während seiner Abenteuer in diesem Reich versuchten viele Riesen, den Untergang des Donnergottes zu erreichen, aber keiner ihrer Pläne ging auf. Als Thor den Fluss Vimur in Jötunheim überquerte, musste er feststellen, dass der Wasserspiegel langsam anstieg. In nur wenigen Sekunden waren seine beiden Schultern unter Wasser getaucht. Als er merkte, dass etwas nicht stimmte, schaute er sich um und sah eine Riesin namens Gjálp in der Nähe stehen, deren Urin sich unaufhörlich in den Fluss ergoss, wodurch das Wasser sekündlich stark anstieg. Wütend griff Thor nach einem riesigen Stein und warf ihn nach der Riesin. Sein Ziel war präzise. Gjálp hörte sofort auf zu urinieren und ihr Plan, den Gott daran zu hindern, in die Festung ihres Vaters zu reisen, wurde so vereitelt.

Thors Reise nach Geirrodsgard von Lorenz Frølich, 1906.
https://commons.wikimedia.org/w/index.php?curid=5163591

Svartalfheim

Svartalfheim ist ein weiteres Reich, das nicht so bekannt ist wie die anderen. Svartalfheim, das manchmal auch als Nidavellir bezeichnet wird, war die Heimat der Zwerge. Laut Snorri Sturluson, dem isländischen Historiker und Autor der *Prosaische Edda*, ist Svartalfheim auch der Zufluchtsort der Dunkelelfen. Es ist jedoch nicht sicher, ob es sich bei den von Snorri erwähnten Zwergen und Dunkelelfen tatsächlich um zwei verschiedene Wesen handelt. Einige Gelehrte sind sich einig, dass es sich tatsächlich um ein und dieselben Wesen handelt, während andere glauben, dass es sich um zwei verschiedene Rassen handelt. Die Zwerge waren kleinwüchsig und Meister der Schmiedekunst, während die Dunkelelfen bösartige Kreaturen mit viel dunklerer Haut als die Lichtelfen von Alfheim waren.

Da Svartalfheim unter der Erde lag, war das Reich ziemlich dunkel, und die Atmosphäre war wegen der schwelenden Glut aus den Schmieden ständig von Rauch erfüllt. Obwohl die Zwerge als stark beschrieben wurden, hieß es auch, dass sie sehr empfindlich gegenüber der Sonne seien. Thor, der dies wusste, nutzte diese Schwäche gegen einen Zwerg namens Alviss. Der weise Zwerg sollte Thors Tochter heiraten, doch der Donnergott war von diesem

Vorhaben gar nicht begeistert. Und so zwang er Alviss, bis zum Einbruch der Dunkelheit eine Frage nach der anderen zu beantworten. Der Gott fragte ihn nach fast allem, von der Kunst des Handwerks über die Kosmologie bis hin zur Musik. Ohne auf die Zeit zu achten, verließ der Zwerg am Morgen Thors Wohnsitz. Sobald er der Sonne ausgesetzt war, verwandelte er sich in Stein.

Muspelheim und Niflheim

Muspelheim und Niflheim waren zwei der frühesten Reiche, die in der nordischen Mythologie existieren. Beide Welten entstanden lange vor allen anderen und spielten eine zentrale Rolle bei der Erschaffung des Universums. Muspelheim war das Reich des Feuers, und sein Land war so heiß wie die Sonne selbst und vielleicht sogar noch heißer als diese. Jeder Sterbliche, der es wagte, einen Fuß an das Tor zu setzen, würde leicht verbrennen. Trotz der extremen Hitze, der Flammen, die Tag und Nacht loderten, und der leuchtend roten Lava, die in den Gruben brodelte, hatte Muspelheim Einwohner. Das Land wurde von Surt beherrscht, einem monströsen Feuerriesen, der ein Flammenschwert namens Sviga Laevi führte. Als die Zeit gekommen war, waren Surt und seine Schergen dazu bestimmt, das gesamte Universum in Brand zu setzen.

Während Muspelheim für das Element Feuer bekannt war, stammte das Eis aus dem Reich von Niflheim. In dieser Urwelt konnte aufgrund der extremen Kälte und des nicht enden wollenden Nebels nichts aus dem dunklen Land wachsen. Man sagt auch, dass Niflheim weit im Norden des Universums liegt. Man beachte, dass im alten Wikingerglauben Norden für unten und Süden für oben steht. Eine der Wurzeln von Yggdrasil konnte noch in das Reich hineinreichen und es mit den anderen acht Welten der nordischen Mythologie verbinden.

Helheim

Helheim, von vielen auch Hel genannt, war das kalte und dunkle Reich der Toten. Es wird angenommen, dass es sich in Niflheim befindet, und so ist es nicht verwunderlich, dass das Reich als extrem dunkel mit kalten Winden beschrieben wird, die sogar den Göttern Unbehagen bereiten konnten. Dieses Land wurde von niemand Geringerem als Lokis monströser Tochter regiert, deren Name derselbe ist wie der des Reiches, Hel. Es heißt, dass unter ihrer Herrschaft nicht einmal die Götter das Reich ohne Schwierigkeiten verlassen konnten. Es gab nur einen Weg hinein und hinaus: Man musste den Gjöll überqueren, einen eiskalten Fluss, der von scharfen Messern durchflossen wurde. Dann musste man durch ein gewaltiges Tor gehen, das von einem grausamen, blutbefleckten Hund namens Garm bewacht wurde.

Helheim ist jedoch ganz und gar nicht mit der Hölle zu vergleichen, die wir heute kennen. In diesem Reich befanden sich nicht nur diejenigen, die gestorben waren, ohne etwas Gutes getan zu haben, sondern es war auch der Ort, an dem diejenigen, die es nicht geschafft hatten, Walhalla zu betreten, ihre nächste Etappe nach dem Ende ihres Lebens fortsetzten. Diejenigen, die nicht auf dem Schlachtfeld umkamen, wurden nach Helheim geschickt, ebenso wie diejenigen, die an Unfällen, Krankheiten oder im Alter starben. Dort warteten keine Folterungen und Qualen auf sie, denn das Reich war lediglich ein Ort, an dem das Leben nach dem Tod fortgesetzt wurde. Manche behaupten aber auch, dass Helheim einen besonderen Platz für die Bösen hat. Diejenigen, die ein böses Leben geführt hatten, wurden angeblich in Niflhel, die unterste Ebene des Reiches, geworfen, wo sie sich ihren Fehlern stellen mussten.

Kapitel 3 - Die Erschaffung der Menschen und der Krieg der Götter

„Gingen da drei | aus dieser Versammlung,

Mächtige, milde | Asen zumal,

Fanden am Ufer | unmächtig

Ask und Embla | und ohne Bestimmung. "

(*Völuspá*, Strophe 17, übersetzt von Karl Simrock)

Hoch oben in Asgard brannten die Schmieden unaufhörlich, und das Geräusch der Äxte, die die Bäume fällten, hallte den ganzen Tag durch die Wälder. Es entstanden hölzerne Tempel, prächtige Hallen mit goldenen Thronen, und die Tische waren mit kunstvollen Tellern und Schalen gedeckt. Jeden Tag versammelten sich die Götter in Idafeld, um wichtige Angelegenheiten zu besprechen. Danach kehrten sie in ihre Behausungen zurück, wo sie ein Festmahl genossen und sich gegenseitig beim Tafl herausforderten, einem uralten Spiel der Götter, das dem Schach ähnelte. Es war das goldene Zeitalter, weshalb sich die Götter um fast nichts kümmern mussten. Sogar die Nornen hatten in dieser Zeit weniger zu tun, da es nicht so viele Seelen gab, die sie besuchen mussten, um deren Schicksal zu bestimmen.

Da die Welt wunderbar erschaffen war und keine gefährlichen Bedrohungen zu befürchten waren, richteten die Götter ihre Aufmerksamkeit auf Midgard. Das Reich hatte alles, aber gleichzeitig war es leer. Es gab keine Bewohner in Midgard, die all das nutzen konnten, was die Götter geschaffen hatten. Und so begann Odin zu grübeln. Es wäre doch eine Verschwendung, eine so wunderbare Welt zu erschaffen, nur um sie dann unberührt zu lassen. Der Allvater reiste daraufhin in Begleitung von zwei anderen Göttern an einen Strand; einige sagen, er sei mit seinen beiden Brüdern Vili und Vé unterwegs gewesen, während andere Quellen behaupten, er sei von Hönir und Loðurr (Lodurr) begleitet worden. Während sie einen friedlichen Spaziergang am Ufer machten, bemerkten sie etwas Seltsames vor sich. Es handelte sich um zwei Treibholzstücke, die auf seltsame Weise die Form eines Mannes und einer Frau hatten. Ob es sich dabei um das Werk der Zwerge oder einfach um Mutter Natur handelte, weiß niemand so genau.

Hönir, Loðurr und Odin erschaffen Ask und Embla von Lorenz Frølich, 1895.
https://commons.wikimedia.org/w/index.php?curid=5288741

Die drei Götter waren zwar verwundert über die verblüffende Ähnlichkeit des Treibholzes mit ihnen selbst, aber sie empfanden auch Mitleid. Obwohl sie genau wie ein Mann und eine Frau geformt waren, fehlte ihnen das Leben, denn schließlich waren sie nur ein Stück Holz. Und so beschlossen die Götter, sie zum Leben zu erwecken und ihnen alles zu geben, was sie nicht hatten. Odin war der Erste, der einen Schritt auf die Treibholzstücke zuging und ihnen den Lebensatem schenkte. Dann kam Vili an die Reihe und schenkte ihnen Bewusstsein und die Fähigkeit, sich zu bewegen. Schließlich schenkte Vé ihnen ein gesundes Äußeres und ihre fünf Sinne. So wurden aus Stücken von Treibholz atmende Menschen, das erste Paar der Welt.

Um sie vor der Sonne am Tag und der Kälte in der Nacht zu schützen, gaben die Götter den beiden Menschen angemessene Kleidung. Dann schickten die Götter sie nach Midgard, wo sie den Rest ihrer Tage verbringen sollten. Bevor sie die beiden verließen, gaben Odin und seine Brüder ihnen Namen: der Mann wurde Ask genannt, die Frau Embla. Die drei Götter verlangten nichts von ihnen als Gegenleistung für diese Geschenke, bis auf eines. Innerhalb der befestigten Mauer von Mittelerde sollten Ask und Embla sich fortpflanzen und die Welt bevölkern. Diese Aufgabe wurde von den beiden zweifellos erfolgreich erfüllt, denn es wurden immer mehr Menschen geboren, bis Midgard als das Reich der Menschen bekannt war.

Die Tage vergingen, und das Leben der Menschen in Mittelerde entwickelte sich. Von einem einfachen Leben in kleinen Siedlungen, wo sie sich um Bauernhöfe und Tiere kümmerten, begannen sie Schiffe zu bauen und die weite Welt zu erkunden. Könige und Königinnen, Krieger und Helden wurden geboren. Sie trainierten und führten Krieg auf den Schlachtfeldern und ließen Schwerter und Äxte aufeinanderprallen. Doch die Menschen waren nicht die Einzigen, die sich untereinander bekämpften. Auch die mächtigen Götter bewarfen sich gegenseitig mit Speeren. Dies war der erste Krieg in der Welt, und es war einer der größten Konflikte, der jemals zwischen den beiden göttlichen Stämmen, den Asen und den Vanir, ausbrach.

Die Asen sind die Hauptgötter des nordischen Pantheons, d. h. es sind die Götter, die die meisten von uns heute kennen dürften, dank zahlreicher Filme und Videospiele, die von der nordischen Welt inspiriert sind. Odin, Thor, Frigg, Heimdall, Baldur, Tyr und Loki waren alle Asen. Diese Götter lebten in Asgard und werden meist mit Krieg, Waffen und Chaos in Verbindung gebracht, was sie zum berühmtesten Pantheon macht, besonders unter Kriegern und

Helden. Die Vanir hingegen wurden für Fruchtbarkeit, Reichtum und Weisheit verehrt. Statt in befestigten Mauern mit großen Hallen mit Banketten zu wohnen, nannten die Vanir Vanaheim, ein Reich, das als reich an Natur galt, ihre Heimat. Im Gegensatz zu den Asen sollen die Vanir weniger zivilisiert sein und die Fähigkeit besitzen, Magie einzusetzen. Allerdings ist nicht viel über sie bekannt, außer einigen ihrer bekannten Götter, wie Njörðr und seine Zwillinge Freyr und Freyja.

Der Hauptgrund für diesen Götterkrieg ist nicht klar. Es gibt zwei plausible Theorien. Die eine besagt, dass er ausbrach, als die Vanir begannen, sich bei den Menschen beliebt zu machen. Immer mehr Menschen beteten sie an und brachten im Namen der Vanir Opfer dar. Das erregte die Aufmerksamkeit der Götter in Asgard. Die Asen wurden eifersüchtig auf die Vanir, auch wenn die Menschen nie aufhörten, sie zu verehren. Und so begann der Krieg.

Während die Eifersucht der Asen-Götter auf die Vanir als Beginn des Krieges angesehen werden könnte, legt die *Völuspá*, ein Gedicht in der Poetischen Edda, etwas anderes nahe. Alles begann, als Asgard einer geheimnisvollen Frau mit dem Namen Heiðr seine Tore öffnete. Manche glauben, dass es sich bei dieser Frau um niemand anderen als die Vanir-Göttin der Fruchtbarkeit und Magie, Freyja, handelte, die es liebte, in Verkleidung durch das Reich zu reisen und dabei die Seidr-Kunst (seiðr) oder mächtige schamanische Magie zu praktizieren. Gegen Zahlung von Gold konnte man sie sogar anheuern, um ihre Kräfte einzusetzen und Probleme zu lösen.

Eines Tages stattete Heiðr den Asen-Göttern einen Besuch ab. In Asgard stellte sie ihre mächtige Magie zur Schau, bis sich die Götter selbst an sie wandten, wenn sie in Schwierigkeiten steckten. Es stellte sich heraus, dass, je mehr die Götter von Heiðrs mächtigen magischen Fähigkeiten abhängig waren, desto weiter entfernten sie sich von ihrer Ehre, Loyalität, ihrem Gehorsam und ihren Gesetzen. Die Asen erkannten dies und schoben die Schuld auf Heiðr. Sie behaupteten, sie sei selbstsüchtig und interessiere sich nur für Gold (Heiðr soll immer von ihrer Liebe zum Gold gesprochen haben, sogar schon bei ihrer Ankunft in Asgard, was die Asen sehr irritierte). Deshalb nannten sie sie Gullveig, was so viel bedeutet wie goldgierig.

Die Asen würden Gullveig niemals unversehrt gehen lassen, und sie waren sich sicher, dass das gesamte Universum ohne sie besser dran wäre. Also nahmen sie die Magierin gefangen und brachten sie in Odins Halle. Dort setzten sie Gullveig in Brand und stachen mehrfach mit Speeren auf sie ein. Gerade als sie dachten, die Welt sei von der gierigen Hexe befreit, tauchte Gullveig aus den brennenden Flammen auf, völlig unversehrt und ohne eine einzige Wunde, trotz der vielen rücksichtslosen Stiche der Götter. Entschlossen, ihr Leben ein für alle Mal zu beenden, warfen die Asen sie erneut in die riesige Flamme in der Mitte der Halle und erstachen sie. Genau wie beim ersten Mal trat Gullveig unversehrt aus der Flamme heraus. Das Gleiche geschah, als der Asen zum dritten Mal versuchte, sie zu verbrennen und zu erstechen. Während dieser drei Mordversuche befand sich Gullveig in einer magischen Trance, die verhinderte, dass sie verletzt wurde.

Eine Darstellung des Gullveig über dem Feuer von Lorenz Frølich, 1895.
https://commons.wikimedia.org/w/index.php?curid=4650069

Erschwerend kam hinzu, dass Gullveig in Wirklichkeit eine Verbündete der Vanir-Götter in Vanaheim war. Als die Nachricht davon, wie die Götter in Asgard Gullveig behandelten, die Vanir erreichte, waren sie wütend und schworen sofort, dass sie die Götter für die schreckliche Tat, die sie begangen hatten, bezahlen lassen würden. Sie begannen, ihre Rache zu planen und vorzubereiten, aber Odin, der hoch oben auf seinem Thron, Hliðskjálf (Hlidskjalf), saß, konnte alles und jeden in allen neun Reichen sehen. Der Allvater wusste, dass die Vanir Asgard früher oder später angreifen würden, und die Schlacht katastrophale Ausmaße annehmen würde. Schließlich waren die Götter der nordischen Welt nicht unsterblich. Aber dank Iduns goldenen Äpfeln würden sie bis zum Ende der Zeit nicht altern.

Odin und seine Mitgötter waren gut vorbereitet und griffen die Götter von Vanaheim an. Der Allvater warf seinen Speer und er flog über die Köpfe der Vanir-Götter hinweg. Eine Handlung, die später von den Wikingern zu Beginn einer Schlacht praktiziert wurde. Dies war der Beginn des Krieges der Götter. Die Asen waren zwar mit Kriegen und der Anwendung roher Gewalt vertraut, aber die Vanir waren ebenfalls sehr mächtig. Anstatt schwere Waffen zu führen, setzten sie mächtige Magie und Zaubersprüche ein, um Odin und seine Götterkollegen zu lähmen. Kurze Zeit später zerstörten die Vanir erfolgreich einen Teil der Festungsmauern Asgards. Doch damit war der Krieg noch nicht zu Ende, denn den Asen gelang es, auch in Vanaheim großen Schaden anzurichten und Opfer zu fordern. Die Götter führten so lange wie möglich Krieg gegeneinander, und keiner der beiden Stämme war bereit, aufzugeben. Je länger der Krieg dauerte, desto mehr wurde ihnen klar, dass dieser Konflikt nichts Gutes bringen konnte und die ganze Welt in Schutt und Asche gelegt werden würde, bevor eine der beiden Seiten einen Sieg davontragen würde.

So legten die Götter beider Pantheons ihre Waffen nieder und hörten auf, Zaubersprüche zu verwenden, die die Welt weiter zerstören würden. Sie versammelten sich und beschlossen, den Krieg auf die friedlichste Weise zu beenden. Doch noch bevor sie diesen Punkt erreichen konnten, stritten sich die beiden göttlichen Stämme und zeigten mit dem Finger auf den jeweils anderen. Nachdem sie die Konflikte geklärt hatten, die den Kampf ausgelöst hatten, einigten sich die Götter schließlich auf eine friedliche Koexistenz unter einer Bedingung.

Sie sollten unter sich wählen und Geiseln austauschen. Beide Pantheons mussten einige ihrer mächtigsten Götter oder Göttinnen in die Reiche des jeweils anderen schicken. Um die Vereinbarung zu erfüllen, zogen Njörd, Freyr und Freyja nach Asgard, während die Asen Hönir und Mimir wählten, um in Vanaheim zu leben.

Die Vanir hatten den Pakt zweifelsohne erfüllt, indem sie drei ihrer besten Götter nach Asgard schickten, aber das konnte man von den Asen nicht behaupten. Mimir gilt als das weiseste Wesen, das in der nordischen Mythologie je existiert hat. Seine Weisheit und sein Wissen waren so groß wie der unendliche Ozean, so dass Odin selbst ihn um nützliche Ratschläge und Vorschläge bat. Hönir hingegen besaß nicht die gleichen Eigenschaften wie der weise Gott Mimir. Er erhielt zwar die Unterstützung und Bewunderung der übrigen Vanir, aber seine Schönheit und Stärke verhalfen ihm dazu. Aufgrund seiner attraktiven Erscheinung hielten die Götter von Vanaheim ihn für einen geeigneten Anführer des Reiches. Er gab ihnen recht, indem er nur die besten Entscheidungen und Lösungen anbot. Beeindruckt von seinen Fähigkeiten und seiner Weisheit, beschlossen die Götter von Vanaheim, ihn zum Oberhaupt des Reiches zu machen.

Sie ahnten nicht, dass all die Entscheidungen und Lösungen, die aus seinem Mund kamen, nicht von ihm stammten. Obwohl er bei der Erschaffung der Menschen eine Rolle spielte und manchmal als der furchterregendste aller Götter bezeichnet wurde, war Hönir eigentlich unentschlossen. Eigentlich war es Mimir, der ihm die weisen Worte zuflüsterte. Die Vanir-Götter entdeckten schließlich, was die beiden taten. Während Mimir nicht in der Nähe von Hönir war, fragten die Götter ihn um Rat, und weil er unentschlossen war, antwortete er oft: „Lass andere entscheiden." Die Götter von Vanaheim fühlten sich von den Asen betrogen, ergriffen Mimir und enthaupteten ihn. Sein Körper wurde in der Wildnis zum Verwesen zurückgelassen, während sein abgetrennter Kopf Odin in Asgard übergeben wurde, um ihren Zorn auszudrücken.

Eine Darstellung von Mimirs enthauptetem Körper aus dem 19. Jahrhundert.
https://commons.wikimedia.org/w/index.php?curid=682765

Der Allvater war entsetzt über das brutale Schicksal Mimirs. Er konnte es nicht ertragen, jemanden zu verlieren, der über ein so großes Wissen verfügte. So brachte Odin Mimirs Kopf in Sicherheit, wo er ihn später mit verschiedenen außergewöhnlichen Kräutern einbalsamierte, um sicherzustellen, dass der Kopf nicht verweste. Dann begann er, Seiðrhljóð (magische Lieder) zu singen, um den abgetrennten Kopf wieder zum Leben zu erwecken. Selbst ohne seinen Körper und seine Lunge atmete Mimir auf magische Weise wieder. Erleichtert trug Odin den Kopf in seinen Händen zu seiner Halle in Asgard. Später sollte Mimir den legendären Brunnen von Mímisbrunnr bewachen.

Dieser bösartige Vorfall hätte den Krieg zwischen den beiden Pantheons wieder entfachen können. Doch selbst die Götter wussten, dass der Krieg nur Chaos in die Welt bringen würde und dass keiner von ihnen davon profitieren würde. Daher einigten sich die beiden göttlichen Stämme friedlich darauf, kein weiteres Blut mehr zu vergießen. Dieses Mal kamen sowohl die Asen als auch die Vanir zusammen und schlossen einen weiteren Pakt. Die Götter beider Stämme führten ein altes Friedensritual durch, bei dem sie in ein Gefäß spuckten. Ihr Speichel vermischte sich, und ein weises Wesen wurde geboren. Sein Name war Kvasir, und er war das Produkt der neuen Allianz zwischen den Asen und den Vanir-Göttern.

Kapitel 4 – Odin und Thor

Odin, der als Wanderer erscheint, von Georg von Rosen, 1886.
https://commons.wikimedia.org/w/index.php?curid=225899

Es war ein gewöhnlicher Tag in Midgard. Es war keine einzige Bedrohung zu sehen, und die Menschen lebten ihr Leben weiter. Man erwartete nichts Ungewöhnliches, bis eine geheimnisvolle Gestalt auftauchte. Aus der Ferne sah er aus wie ein normaler Reisender, der durch die Lande zog und versuchte, ein Ziel zu erreichen. Als er näher kam, konnte man feststellen, dass der Reisende nur ein Auge hatte. Sein Erscheinungsbild war im Großen und Ganzen immer gleich: Der Reisende hatte einen grauen Bart und einen dunkelblauen Mantel, der seine Haut vor der heißen Sonne und den kalten Winden in der Nacht schützte. Auf dem Kopf trug der alte Reisende einen breitkrempigen Hut, und er ging oft mit einem Stab in der Hand umher. Die Menschen, die dem graubärtigen Reisenden begegneten, kannten ihn unter dem Namen Grímnir, während diejenigen, die hoch oben in Asgard lebten, ihn unter seinem richtigen Namen, Odin, kannten.

Odin, der von vielen auch als der Allvater bezeichnet wird, war der Anführer der Asen. Snorri behauptete, er sei das mächtigste Mitglied der Asen. Schließlich war Odin der König von Asgard, und ohne ihn würde das gesamte Universum aufhören zu existieren. Obwohl seine Erscheinung in Midgard überhaupt nicht an einen Gott erinnerte, tat der Allvater dies mit Absicht. Odin hatte es schon immer geliebt, in Verkleidung durch die Welt zu ziehen, und er war unter vielen Namen bekannt. Im Englischen ist der dritte Tag der Woche, Wednesday, von einem seiner Namen abgeleitet; im Altenglischen ist er als Wōden bekannt.

Als König von Asgard ist es vielleicht nicht verwunderlich, dass Odin mehrere Ehefrauen und Geliebte hatte. Offiziell war er der Ehemann von Frigg, der Königin von Asgard und der Göttin der Ehe. Mit Frigg hatte er drei Kinder: Baldur, Hodr (Höðr) und Hermod (Hermóðr). Eine der populärsten Partnerinnen, die mit Odin in Verbindung gebracht wurden, war natürlich Jörd (Jörð). Im Gegensatz zu Frigg, die als Ase geboren wurde, war Jörd eine Riesin. Mit ihr zeugte Odin ein weiteres Kind, das das mächtigste von allen sein sollte: Thor.

Als Kriegergott wird Odin oft mit Krieg und Tod in Verbindung gebracht. Er besaß sogar Gungnir, einen legendären Speer, der Panik, Blindheit und Taubheit verursachen konnte. Aber das sind nicht die einzigen Dinge, für die er verehrt wurde. Odin war auch der Gott der Poesie, des Wissens und der Weisheit. Während Waffen und rohe Gewalt etwas waren, womit der Allvater sehr vertraut war, verfügte Odin dank der Vanir-Göttin Freyr, die nach dem Ende des Krieges der Götter nach Asgard kam, auch über ein umfangreiches Wissen über Magie. Einige Quellen behaupten sogar, dass Odin in die Zukunft sehen und Prophezeiungen deuten konnte.

In Asgard wohnte Odin in seiner großen Halle namens Walhalla, wo er von Dutzenden von ehrenhaften Kriegern und Königen umgeben war, die auf dem Schlachtfeld gefallen waren. Diese Krieger wurden von den Walküren handverlesen, und sobald sie in Odins Halle geschickt wurden, verbrachten sie den ganzen Tag damit, ihre Kampffähigkeiten zu schärfen, um sich auf die letzte Schlacht vorzubereiten, die als Ragnarök bekannt ist. Odin hatte außer den Kriegern und Walküren noch andere Wesen an seiner Seite. Zu seinen Füßen lagen zwei wilde Wölfe namens Geri und Freki, deren beider Namen die Gierigen bedeuten. Der Allvater kümmerte sich selbst um die Wölfe. Jeden Tag fütterte er sie per Hand. Alles, was auf seinem Esstisch stand, wurde an die Wölfe verfüttert, nur der Wein blieb übrig, denn der Allvater brauchte keine Nahrung, um zu überleben. Der Wein war mehr als genug für ihn.

In der Halle befand sich auch ein Thron namens Hliðskjálf (Hlidskjalf). Odin setzte sich auf diesen Thron und blickte über die Welt. Vom Hliðskjálf aus konnte der Allvater alles sehen, was in allen neun Reichen vor sich ging. Der Thron war jedoch nicht die einzige Möglichkeit für den König von Asgard, wichtige Nachrichten und Informationen über das Universum zu erhalten. Odin hatte zwei Krähen, die hoch in den Lüften über die Reiche flogen, und er nannte sie Huginn (Gedanke) und Muninn (Erinnerung). Diese beiden Krähen waren seine Augen, manche sagen, sie waren seine Spione, denn sie kehrten zu ihm zurück, nachdem sie die Welt erkundet hatten, und berichteten ihm alles, was sie sahen.

Wann immer ein bestimmtes Ereignis sein Interesse weckte, vor allem wenn es seiner Suche nach Wissen dienlich sein konnte, ritt Odin mit seinem treuen achtbeinigen Ross Sleipnir über den Himmel und das Meer. Odin würde alles tun, um Wissen zu erlangen, selbst wenn es bedeuten würde, sein eigenes Auge zu opfern, aber nicht um seines eigenen Wesens willen. Als Odin der Völva oder der Seherin begegnete, wurde ihm gesagt, dass die Götter getötet würden und dass die gesamte Welt, die er erschaffen hatte, zerstört werden würde, wenn Ragnarök käme. Sogar der Allvater würde während der Götterdämmerung sein Schicksal erfahren. Er sollte von Fenrir, dem Wolf, gefressen werden.

Aufgrund dieser Prophezeiung strebte Odin nach Wissen, um das tödliche Schicksal, das ihm, den anderen Göttern und der ganzen Welt drohte, abzuwenden.

Seine Fähigkeit, sich zu verwandeln, ermöglichte es ihm, das Universum in mehr als einer Verkleidung zu bereisen. Oft mischte er sich in die Angelegenheiten der Menschen ein, vor allem wenn er etwas Nützliches sah. Aber auch der Allvater war nicht immer im Recht; er geriet gelegentlich in Schwierigkeiten, genau wie die Menschen. Eines Tages waren zwei Jungen im seichten Wasser unterwegs und ruderten ihr kleines Boot vorsichtig zu einer Stelle, an der sie fischen konnten. Der ältere Junge hieß Agnar, der jüngere Geirröth (auch Geirröd genannt). Diese Kinder waren die Söhne eines Königs in Midgard, der den Namen Hraudung trug.

Während die Jungen damit beschäftigt waren, ihre Angeln auszuwerfen, wehte der Wind stärker als sonst, so dass sie sofort die Kontrolle über das Boot verloren. Augenblicke später trieben sie geradewegs auf das offene Meer hinaus. Aus Angst und weil sie keine andere Wahl hatten, blieben sie die ganze Nacht über in ihrem Boot. Als der Morgen anbrach, fanden sie sich als Schiffbrüchige an einem ihnen unbekannten Ufer wieder. Vor ihnen stand ein armer Bauer. Der Bauer hatte Mitleid mit den verlorenen Jungen, nahm sie auf und stellte sie seiner Frau vor. Sie wussten nicht, dass das Paar, das sie aufgenommen hatte, in Wirklichkeit Odin und seine Frau Frigg in Verkleidung waren.

Odin, der immer noch das Aussehen eines armen Bauern trug, nahm Geirröth unter seine Fittiche und lehrte ihn Weisheit, während Frigg sich um Agnar kümmerte und ihn mit viel Mitgefühl aufzog. Als die Bäume neue Blätter trieben und bunte Blumen zu blühen begannen, was das Ende des Winters ankündigte, führten Odin und Frigg die Jungen an dasselbe Ufer, an das sie gespült worden waren. Nachdem die beiden Götter sich einige Monate lang um sie gekümmert hatten, schenkten sie ihnen ein neues Boot und baten sie, in das Land ihres Vaters zurückzukehren. Doch bevor Odin sie losschickte, zog er Geirröth zur Seite und flüsterte ihm ins Ohr. Er überredete den Jungen, seinen Bruder ins Meer zu stoßen und allein in seine Heimat zurückzukehren.

So machten sich die Brüder auf den Heimweg, und dieses Mal war der Wind anders, er war so ruhig wie das Meer selbst. Als sie sich dem Ufer näherten, sprang Geirröth, der vorne im Boot saß, an Land und stieß das Boot von sich, so dass Agnar wieder auf das offene Meer hinausgetrieben wurde. Als Geirröth nach Hause zurückkehrte, erfuhr er jedoch bald, dass sein Vater, König Hraudung, gestorben war. Da er der einzige Erbe des Königs war, der nach Hause zurückkehrte, wurde Geirröth mit offenen Armen empfangen und zum neuen König gekrönt. Während Geirröth eine Krone auf dem Kopf trug und alle Reichtümer seines Landes besaß, lebte Agnar in einer Höhle mit einer Riesin, mit der er Kinder hatte.

Odin sah das ganze Geschehen, während er auf seinem Hochsitz in Asgard saß. Stolz auf seinen Lehrling, begann Odin, seine Frau zu verspotten. „Sieh dir doch deinen Schützling an", sagte der Allvater zu Frigg. „Was ist aus Agnar geworden? Er haust in einer Höhle mit einer Riesin, während mein Geirröth ein angesehener König ist, der sein eigenes Land regiert."

Frigg war natürlich irritiert und überhaupt nicht beeindruckt von Geirröths Erfolg. „Öffne deine Augen", sagte Frigg. „Wie ich höre, ist Geirröth nichts weiter als der Schlimmste seiner Art geworden. Dein Schützling weiß nichts über Gastfreundschaft. Er würde seine Gäste foltern, wenn zu viele von ihnen vor ihm stünden." Odin wies die Worte seiner Frau zurück und behauptete, sie seien nichts als Lügen.

Um zu beweisen, dass Geirröth ganz und gar nicht das war, was Frigg behauptete, machte sich Odin in seiner berühmtesten Verkleidung auf den Weg nach Midgard. Er trug einen dunkelblauen Mantel und einen breitkrempigen Hut oder, wie manche Berichte behaupten, eine Kapuze. Frigg, die von dem Vorhaben ihres Mannes, Geirröths Halle zu besuchen, wusste, befahl ihrer treuesten Dienerin Fulla, nach Midgard zu reisen und mit dem König zu sprechen. Fulla gelang es, Geirröth vor dem Allvater zu erreichen, und sie warnte den König vor einem gefährlichen Zauberer, der auf dem Weg in sein Land war.

„Und wie soll ich diesen Zauberer erkennen?" fragte Geirröth, der den Köder schluckte.

„Sobald er einen Fuß in deine Halle setzt, würden es nicht einmal die schärfsten Hunde wagen, ihn zu verbellen", sagte Fulla.

Und so wartete der König auf die Ankunft des Zauberers, während er seine Wachhunde im Auge behielt. Wenige Augenblicke später erschien ein alter Mann mit einem grauen Bart in seinem Saal. Als die Hunde seine Anwesenheit bemerkten, wichen sie sofort einen Schritt zurück und kauerten sich in die Ecke. Als Geirröth sah, dass seine Hunde Angst vor dem alten Mann hatten, hörte er auf die falsche Warnung von Fulla und befahl seinen Männern, den Zauberer zu ergreifen. Mit gefesselten Händen wurde Odin verhört. Geirröth verhörte ihn, aber die einzige Antwort, die er von dem alten Zauberer erhielt, war sein Name: Grímnir. Wütend darüber, dass er sich weigerte, mehr als seinen Namen zu sagen, befahl Geirröth, den Zauberer acht Nächte lang ohne Unterbrechung zwischen zwei große Flammen zu setzen.

In der achten Nacht dieser Tortur näherte sich ein kleiner Junge dem verkleideten Gott. Der zehnjährige Junge war der Sohn des Königs selbst. Er wurde Agnar genannt, nach dem Bruder seines Vaters. Im Gegensatz zu Geirröth war Agnar keineswegs grausam. Der Junge ging zu Grímnir und brachte ihm ein mit Wasser gefülltes Horn. Er bot dem alten Mann nicht nur Wasser an, um seine Schmerzen zu lindern, sondern entschuldigte sich auch für die schlechten Taten seines Vaters. Grímnir nahm das freundliche Angebot an und trank aus dem Horn. Dann begann er, den Menschen um ihn herum das Universum in allen Einzelheiten zu beschreiben: wie es geformt war und die Namen der neun Reiche und ihrer Bewohner. Grímnir verriet sogar seinen wahren Namen und erzählte ihnen von seinen vielen Verkleidungen, bevor er sich wieder Agnar zuwandte. Er versprach dem Jungen eine Belohnung für seine Freundlichkeit und ein schreckliches Unglück für Geirröth.

Der König erkannte schließlich, dass die Person, die er gefoltert hatte, der Allvater selbst war. Der in Panik geratene König erhob sich sofort von seinem Thron, in der Hoffnung, er könne sein Schicksal aufhalten, indem er den Gott aus den brennenden Flammen holte. Doch er hatte sein Todesurteil bereits unterschrieben. In dem Moment, als er aufstand, rutschte Geirröth aus und fiel auf sein eigenes glänzendes Schwert. Während der König aufgespießt und tot am Boden lag, löste sich Odin in Luft auf. Geirröths Sohn, Agnar, wurde als neuer König gefeiert.

Frigg, die den ganzen Vorfall vermutlich von Hliðskjálf aus miterlebte, war mehr als zufrieden, denn sie wusste, dass ihr Mann sich in Bezug auf seinen Meister völlig getäuscht hatte. Manche sagten, dass die Göttin, als sie sah, was mit Odin in Geirröths Halle geschah, so laut lachte, dass es im Himmel widerhallte. Das Gute daran war jedoch, dass der tote König durch einen besseren Herrscher ersetzt wurde. Agnars Herrschaft war im Vergleich zu der seines Vaters sehr viel besser.

Odin war jedoch nicht die einzige göttliche Figur, die sich aus der Geborgenheit Asgards herauswagte. Dasselbe könnte man über Thor, den rotbärtigen Donnergott, sagen. Er war der Sohn von Odin und seiner riesigen Geliebten Jörd. Wie jedes andere Mitglied des Asen-Stammes wohnte Thor innerhalb der befestigten Mauern Asgards. Sein Reich wurde Þrúðvangr (Thrudvangar) genannt, und er hatte seine eigene Halle namens Bilskírnir. Thor war mit Sif, der Göttin der Fruchtbarkeit, verheiratet, und mit ihr hatte er einen Sohn namens Modi und eine Tochter, die er Thrud nannte. Ein weiterer seiner bekannten Söhne war Magni, dessen Mutter unbekannt bleibt. Manche glauben, dass Magni von einer Riesin namens Járnsaxa geboren wurde.

Thor ist einer der stärksten Götter der nordischen Mythologie und gilt als Beschützer von Asgard und Midgard. Als mächtiger Beschützer zweier wichtiger Reiche im Universum hatte Thor natürlich zahlreiche Feinde, deren einziger Wunsch es war, ihn ein für alle Mal zu vernichten. Dazu gehörten die meisten der Riesen in Jötunheim sowie Jörmungandr, die Weltenschlange, die ihn bald, während Ragnarök, zu töten vermochte. Obwohl Thor das Leben der Schlange erfolgreich beendete, indem er ihr ein letztes Mal einen Schlag auf den Schädel versetzte, soll es Jörmungandr gelungen sein, sein tödliches Gift auf den mächtigen Gott zu spucken, so dass er nur wenige Augenblicke nach dem Tod der Schlange tot zu Boden fiel.

Thor von Johannes Gehrts, 1910.
https://commons.wikimedia.org/w/index.php?curid=4624484

Thor war nicht nur der Beschützer der Welt, sondern auch der Gott des Donners, der Blitze und der Stürme. Oftmals zog der rotbärtige Gott mit einem mächtigen Hammer, der im Volksmund als Mjölnir bekannt ist, durch die Reiche. Mit dieser Waffe zertrümmerte er die Schädel der vielen Riesen, die sich ihm in den Weg stellten. Doch Mjölnir war nicht der einzige legendäre Gegenstand in seinem Besitz. Thor trug auch den Megingjörð (Kraftgürtel) um seine Taille. Dieser Gürtel sollte die Fähigkeit haben, seine göttliche Kraft zu verdoppeln. Um seinen Hammer zu schwingen, trug der Donnergott ein Paar eiserne Handschuhe namens Járngreipr. Um von einem Reich ins andere zu reisen, ritt Thor in seinem Wagen, der von zwei magischen Ziegen namens

Tanngrisnir (Knirscherzahn) und Tanngnjóstr (Zahnknirscher) gezogen wurde. Manche glaubten sogar, dass der Donner am Himmel zu hören war, wenn der mächtige Thor auf eben diesem Wagen aus seiner Halle fuhr. Wenn sich die Räder des Wagens drehten, wurden leuchtende Funken erzeugt.

Das Ziehen des Wagens war jedoch nicht die einzige Aufgabe der Ziegen, denn sie versorgten den Donnergott auch mit Nahrung. Wenn es auf seinen Reisen nichts zu essen gab, schlachtete Thor die Ziegen und röstete sie über einem Feuer, bevor er sie verzehrte. Da ihre Knochen noch intakt waren, erwachten die Ziegen am nächsten Tag völlig unversehrt wieder zum Leben, bis auf ein einziges Mal. Es war einmal ein Tag, an dem Thor und Loki auf dem Weg in das Land der Riesen waren. Die beiden Götter beschlossen, sich von ihrer Reise auszuruhen, und legten einen Zwischenstopp auf einem Bauernhof im Reich der Menschen, Midgard, ein. Schnell wurden sie von einem armen Bauern und seiner Familie begrüßt und eingeladen, dort zu übernachten. Der arme Bauer teilte den Göttern jedoch mit, dass eine Unterkunft das Einzige sei, was er anbieten könne. Aufgrund der armen Verhältnisse seiner Familie war der Bauer nicht in der Lage, seinen Gästen etwas zu essen zu geben. Aus Mitleid mit der Familie und als Zeichen seiner Dankbarkeit dafür, dass er und Loki bei ihnen übernachten durften, beschloss Thor, seine beiden magischen Ziegen zu kochen. Dann bot er der Familie das Essen an, warnte sie aber eindringlich davor, auch nur einen einzigen Knochen der Ziegen zu brechen.

Das Essen verlief recht gut, und die Familie war mehr als erfreut, dass der mächtige Thor selbst ihnen das Essen angeboten hatte. Doch Loki hatte noch etwas auf dem Herzen: Er überredete Thjalfi, den Sohn des Bauern, einen der Knochen zu brechen und behauptete, der beste Teil der Ziege sei ihr süßes Knochenmark. Thjalfi war neugierig auf den Geschmack und tat, was Loki ihm empfohlen hatte. Am nächsten Morgen wachte Thor auf und sah, dass seine beiden Ziegen wieder auferstanden waren, aber etwas Merkwürdiges fiel ihm auf: Eine der beiden hinkte. Wütend wandte sich Thor an den armen Bauern und seine Familie und verlangte Antworten auf die Frage, was mit seinen Ziegen geschehen war. Loki schwieg, aber Thjalfi gab zu, dass er derjenige war, der den

Knochen der Ziege gebrochen hatte. Zur Strafe nahm Thor sowohl Thjalfi als auch seine Schwester Röskva mit zu sich. Sie wurden seine treuesten Diener und begleiteten ihn oft auf seinen Reisen in das gefährliche Land der Riesen.

Obwohl Thor selbst der Sohn des Allvaters war, teilte er nicht wirklich dessen Weisheit und diplomatische Art, ein Problem zu lösen. Der Donnergott zog es vor, zu handeln, statt stundenlang zu reden und zu diskutieren, weshalb er oft als jähzornig beschrieben wird. Odin jedenfalls wusste um die Kurzatmigkeit seines Sohnes und nutzte einmal die Gelegenheit, dem mächtigen Gott einen Streich zu spielen.

Hárbarðsljóð, ein Gedicht in der *Poetischen Edda*, erzählt von Thors Begegnung mit einem graubärtigen Mann, von dem Historiker und Gelehrte glauben, dass er Odin in Verkleidung ist. Nach einem Abenteuer in Jötunheim war Thor auf dem Rückweg nach Asgard, als er einem alten Fährmann namens Harbard (Hárbarð) begegnete, der bei seinem Boot auf der anderen Seite des Fjords stand.

„Fahre mich hinüber, und ich werde dich aus dem Korb auf meinem Rücken füttern", sagte Thor, der den Fjord überqueren wollte. Der Fährmann antwortete jedoch unhöflich und begann, den Gott zu beleidigen. Noch bevor Thor seine Wut äußern konnte, beschimpfte Harbard seine Kleidung und sagte, er sei nichts weiter als ein Landstreicher, der fast wie ein Bettler ohne Hosen gekleidet sei.

Auf die Frage nach dem Besitzer des Bootes behauptete der Graubärtige, es gehöre jemandem namens Hildolf dem Weisen, und er habe ihm ausdrücklich befohlen, keine Vagabunden und Diebe zu befördern. Voller Stolz erklärte Thor dem alten Fährmann, dass er weder ein Verbrecher noch ein armer Bauer sei, sondern der Sohn Odins und der Vater von Magni. Verärgert darüber, dass Harbard sich immer noch weigerte, sein Boot überzusetzen, drohte Thor ihm, dass seine Sturheit ihm nur Unglück bringen würde, was der graubärtige Mann jedoch nicht beachtete.

Das Geplänkel zwischen den beiden ging weiter. Harbard behauptete, Thors Mutter sei schon lange tot, woraufhin er sich mit seinen magischen Fähigkeiten und sexuellen Fertigkeiten brüstete.

Der alte Fährmann fragte dann nach Thors Erfolgen, und Thor erzählte ihm die Geschichten über seine Kämpfe mit den Riesen. Der Spott hörte jedoch nicht auf, denn Harbard fuhr fort, die Frau des Gottes, Sif, des Ehebruchs zu beschuldigen.

„Dein Spott wird dich nicht weiterbringen!" rief Thor aus. „Kein Wolf würde schrecklicher heulen als du, wenn ich dich mit meinem mächtigen Hammer schlagen könnte." Der Gott wusste, dass er nichts anderes tun konnte, um den alten Fährmann dazu zu bringen, ihm die Überfahrt über den Fjord zu gewähren. Also fragte er ihn nach einem anderen Weg über das Wasser.

„Es ist ein langer Weg." antwortete Harbard, bevor er ihm den Weg erklärte, der um den Fjord herumführten.

Thor hatte keine andere Wahl, als den langen Weg nach Hause zu nehmen, da Harbard sich weigerte, ihn über das Wasser zu bringen. Der Gott machte sich dann auf den Weg, aber nicht bevor er dem graubärtigen Mann noch einmal drohte. „Wenn wir uns jemals wieder über den Weg laufen, wirst du für deine Sturheit bezahlen."

Obwohl der mächtige Thor lieber zuerst zuschlug, als sich eine friedlichere Strategie zu überlegen, war es manchmal genau das, was die Götter und die Menschen in Midgard brauchten, um vor den Bedrohungen durch die Riesen geschützt zu sein. Ohne Thors rohe Gewalt und mächtige Stärke wären die Reiche vielleicht schon früher vernichtet worden, als von den Völva prophezeit.

Kapitel 5 - Tyr und Loki

Manche glaubten, dass Tyr der mächtigste des Asen-Pantheons war und dass seine Kraft dem Donnergott selbst ebenbürtig war. Es gibt jedoch nur wenige Informationen über diesen einarmigen Gott, da die meisten seiner Geschichten im Laufe der Zeit verloren gegangen sind. Tyr wird nur einige Male in den alten Gedichten erwähnt, die bis heute erhalten geblieben sind. Sein Name taucht in *Gylfaginning*, *Hymiskviða* und kurz in *Lokasenna* auf.

Da er dem Stamm der Asen angehörte, wurde Tyr mit Krieg und Blutvergießen in Verbindung gebracht. Für einige war er auch als Bringer von Gerechtigkeit und Ordnung bekannt. Da die T-Rune nach Tyr benannt ist, ritzten Helden und Krieger diese Rune in den Griff ihrer Schwerter. Dadurch glaubten sie, dass ihre Chancen auf einen Sieg größer waren als die ihrer Gegner. Wie Odin konnte auch Tyr den Ausgang einer jeden Schlacht auf der Welt entscheiden. Im Englischen geht der zweite Tag der Woche, der Tuesday, ebenfalls auf seinen Namen zurück, der Tyrs Tag bedeutet.

Seine Tapferkeit und sein Mut auf dem Schlachtfeld waren jedoch nicht die einzigen Eigenschaften, die er besaß, denn Tyr galt auch als einer der weisesten Götter, die je in der nordischen Welt existierten. Als einer der ältesten Götter in der nordischen Mythologie behaupteten einige sogar, dass Tyr der ursprüngliche Herrscher der Asen war, bis Odin einsprang und nach und nach von vielen verehrt wurde.

Aufgrund des Mangels an detaillierten Informationen über diesen Gott ist sich jedoch niemand dieser Behauptung sicher. Selbst seine Abstammung wird von vielen angezweifelt. Auf der Grundlage von Snorris Schriften in *Skáldskaparmál* sind sich einige Gelehrte einig, dass Tyr tatsächlich ein weiterer Sohn Odins war, während es andere gibt, die das Gegenteil behaupten. Das Gedicht *Hymiskviða* erzählt eine andere Version von Tyrs Familie. Die Geschichte begann, als die Götter von Asgard Tag und Nacht in ihren Hallen feierten. Sie verfügten über unbegrenzte Vorräte, aber irgendwann ging ihnen das Bier aus, mit dem sie ihr Essen herunterspülen konnten.

Und so reisten die Götter, darunter Tyr und Thor, aus der befestigten Stadt Asgard, um Ägir zu treffen, den riesigen Meeresgott, der in seiner goldenen Halle unter den rollenden Wellen wohnte. Bei ihrer Ankunft stürmte Thor in Ägirs Halle, sah dem Meeresgott direkt in die Augen und befahl ihm sofort, Bier für die Asen zu brauen. „Ich brauche viel Bier für die Götter, und du musst es sofort zubereiten!" rief Thor aus.

Ägir war natürlich verärgert über den abrupten Befehl des Gottes, und Thors Tonfall machte es noch schlimmer. Er zögerte seine Antwort hinaus und überlegte, wie er die Götter überlisten konnte. „Ich besitze keinen solchen Kessel, der genug Bier für alle Götter fassen könnte", antwortete Ägir. „Bring mir einen, Thor, und ich werde reichlich Bier brauen, das für alle Götter reicht."

Die Götter waren jedoch verwirrt, denn keiner von ihnen besaß einen Kessel, der groß genug war, und sie hatten keine Ahnung, wo sie auf der Stelle einen finden sollten, bis Tyr sich einmischte und Thor mitteilte, dass er genau wüsste, wo man einen bekommen könne. „Mein Vater, Hymir der Riese, besaß einen Kessel, der fünf Meilen tief ist", behauptete er.

Ohne weitere Zeit zu verlieren, machten sich die beiden Götter, Tyr und Thor, auf eine weitere Reise zu Hymirs Halle, die auf einem Berg jenseits des Élivágar lag. Da Tyr wusste, wie gefährlich sein Vater sein konnte, riet er Thor, seine wahre Identität zu verbergen und sich als Veur vorzustellen. Als sie ankamen, trafen die beiden Göttergestalten zuerst auf Tyrs Großmutter. Über sie ist nur wenig bekannt, außer dass sie ein abscheuliches Ungeheuer mit neunhundert Köpfen war und dass Tyr sie überhaupt nicht mochte.

Das nächste Wesen, dem sie begegneten, war eine schöne Frau, vermutlich eine Riesin, mit blasser, weißer Haut und einer goldenen Halskette, die ihren Hals zierte. Es war Tyrs Mutter, und sie empfing die beiden Götter mit offenen Armen.

Während sie den Göttern zwei Becher Bier reichte, mahnte sie sie, sich vor Hymir, ihrem Mann und Tyrs wildem Vater, in Acht zu nehmen. „Schließlich fließt Riesenblut in unseren Adern." sagte sie. Tyrs Mutter schlug außerdem vor, dass ihr Sohn und Thor sich in einem der Kessel verstecken sollten, da ihr Mann eine unangenehme Art habe, seine Gäste zu begrüßen. Der jähzornige Thor war nicht begeistert von diesem Vorschlag, aber Tyr überredete ihn zum Einlenken, um unerwünschte Konflikte zu vermeiden.

Wenige Augenblicke später kehrte Hymir schließlich in seine Halle zurück, müde von der Jagd. Seine Frau begrüßte ihn schnell und sagte, dass ihr Sohn nach all den langen Jahren der Reisen und Abenteuer endlich wieder zu Hause sei. Wie erwartet drehte sich Hymir zu den Kesseln in der Halle um und begann, sie mit bloßen Händen zu zerschlagen. Die meisten Kessel zerbrachen und fielen vom Regal auf den Boden, bis auf den, in dem sich Tyr und Thor versteckten. Die beiden Götter krochen daraufhin aus dem Kessel und starrten den wilden Riesen an. Als Hymir seinen Sohn an der Seite eines mächtigen Gefährten stehen sah, begrüßte er sie nur widerwillig, denn er wusste, dass ein Kampf nur zu einer Katastrophe führen würde. Und so befahl der Riese seinem Diener, drei Ochsen zu kochen, damit seine Gäste sich daran laben konnten. Thor verschlang mühelos zwei von ihnen, was Hymir erstaunte.

„Wenn ihr so schlemmt, müssen wir auf die Jagd nach mehr Essen gehen", sagte der Riese.

„Dann lass uns das Boot nehmen und sehen, was wir finden können", antwortete Thor.

Von diesem Zeitpunkt an wird Tyr im Gedicht nicht mehr erwähnt. Ob das Absicht war oder ob ein Teil der Strophe fehlt, bleibt unklar. Nichtsdestotrotz geht die Geschichte weiter: Thor fährt mit Tyrs Vater zum Fischen. Während ihres Angelausflugs fischte Thor versehentlich die Weltenschlange und seinen Schicksalsfeind Jörmungandr heraus. Der rotbärtige Gott weigerte sich, seinen Griff zu lockern, aber schließlich gelang es Jörmungandr, sich von der Angelrute zu befreien und in seinen Unterschlupf tief unter dem dunklen Meer zurückzukehren.

Der Gott und der Riese kehrten daraufhin mit zwei Walen, die sie erfolgreich aus dem Wasser gefischt hatten, an die Küste zurück. Thor zog das riesige Boot mit den beiden Walen mit bloßen Händen ans Land, bis er Tyr und seine Mutter sah, die auf ihre Rückkehr warteten. Selbst nachdem er die Stärke des Donnergottes gesehen hatte, weigerte sich Hymir zuzugeben, dass er ihm unterlegen war. Und so forderte er Thor zu einem Kräftemessen heraus. Der Gott musste einen gläsernen Kelch zerbrechen, der als äußerst stabil und stark galt. Der Kelch wurde sogar gegen eine Steinsäule geschleudert, aber es war kein einziger Riss zu sehen. Von der Steinsäule konnte man das nicht behaupten, sie zerbrach in Hunderte kleinerer Stücke.

„Wirf es ihm an den Kopf ", flüsterte Tyrs Mutter Thor zu. „Nichts ist härter als sein Kopf." Thor hörte auf sie und warf den gläsernen Kelch sofort direkt auf den Kopf des Riesen. Er zerbrach in Stücke, aber Hymirs Schädel blieb unversehrt. Hymir fand sich schließlich damit ab, dass Thor tatsächlich stärker war als er, und bot den beiden Göttern seinen fünf Meilen tiefen Kessel an. Tyr erhob sich und versuchte, den Kessel zu heben, aber vergeblich. Als er es ein zweites Mal versuchte, bewegte sich der Kessel nur einen Zentimeter. Dann trat Thor ein und schaffte es, den Kessel auf seine Schulter zu heben. Er war so groß, dass der Henkel seinen Knöchel berührte, wenn er ging.

Als sie den Kessel in ihrem Besitz hatten und ihre Mission erfüllt war, machten sich Tyr und Thor auf die Reise zurück nach Asgard. Kurz bevor sie aufbrachen, bemerkte Thor, dass Hymir und mehrere Dutzend mehrköpfige Riesen in Stellung gingen, um ihnen aufzulauern. Die beiden Götter hatten keine andere Wahl, als sich zu verteidigen. Thor schwang seinen Hammer, und als der Kampf beendet war, sah man keinen einzigen Riesen mehr atmen, auch nicht Hymir.

Nach der Rückkehr nach Asgard versammelten sich die anderen Götter am Brunnen von Urd (Urðr). Jeder der Götter war erstaunt über die Größe des Kessels und sie dankten Tyr und Thor. Mit dem riesigen Kessel scheiterte Ägirs Plan, die Götter zu überlisten.

Wie viele andere Mitglieder der Asen wurde auch Tyr als Kriegergott angesehen. Obwohl er seine rechte Hand an den Wolf Fenrir verlor, konnte der Gott dennoch viele Kriege und Schlachten siegreich überstehen, mit Ausnahme von Ragnarök. Während der Götterdämmerung ereilte den einarmigen Gott sein tödliches Schicksal, als er Garm, dem blutbefleckten Hund von Helheim, gegenüberstand, der seine andere Hand abbiss, woraufhin der Gott verblutete. Garm jedoch erlag ebenfalls seinen Wunden, die ihm Tyr kurz vor seinem Tod zugefügt hatte.

Während Tyr mit Gerechtigkeit, Gesetz und Ehre assoziiert wurde, konnte man das von Loki nicht behaupten. Wie der Allvater selbst war auch Loki ein Gestaltenwandler. Er konnte sich in jede Art von Wesen verwandeln, sei es ein Riese, eine Riesin, ein Mensch, ein Zwerg, eine Stute, ein Fisch oder sogar ein Floh. Er war jedoch nicht nur für seine Fähigkeit, sich in eine andere Gestalt zu verwandeln, bekannt, sondern auch für seine listigen Tricks und seinen Witz.

Loki war der Gott des Unfugs, der Tricks und des Chaos, was erklärt, warum er damals von den Wikingern nicht verehrt wurde. Manche hielten ihn wahrscheinlich für ein böses Wesen, dessen oberstes Ziel es war, die Götter und die ganze Welt zu stürzen, während andere Quellen behaupten, Loki sei weder gut noch böse gewesen. Der Gott liebte es einfach, seinen Götterkollegen Streiche zu spielen, von denen einige allerdings zu weit gingen und großes Unheil anrichteten. Aber seine Streiche waren nicht ausschließlich schlecht, denn einige von ihnen retteten die Götter vor größeren Problemen. Ohne seine listigen Streiche wären die Mauern von Asgard nach dem Krieg der Götter in Schutt und Asche gelegt worden, und ohne seinen Witz wäre es für Thor schwieriger gewesen, seinen Hammer von den Riesen zurückzuholen. Es ist auch seinen Streichen zu verdanken, dass die Götter in den Besitz verschiedener wertvoller Schätze kamen, die von den Zwergen geschmiedet wurden.

Was die Abstammung betrifft, so war es gar nicht so ungewöhnlich, dass ein Gott von einer Riesin geboren wurde. Sogar Thors Mutter, Jörd, war eine Riesin, ebenso wie Bestla, die Mutter von Odin. Im Fall von Loki war es jedoch genau umgekehrt. Der Betrüger wurde von Laufey geboren, möglicherweise einer Göttin aus Asgard, während sein Vater ein Jötunn namens Fárbauti war. Aus diesem Grund nannten die Götter den Trickster manchmal Laufyson, was einfach Sohn von Laufey bedeutet.

Wie die anderen Asen hatte auch Loki eine Frau. Er war mit der Göttin Sigyn verheiratet, die ihm bis zum Ende treu war. Gemeinsam bekamen sie zwei Söhne namens Narfi, manchmal auch als Nari bekannt, und Váli. Über seine Familie wurde nicht viel berichtet, außer dass der Gott des Chaos noch eine weitere Beziehung mit einer Riesin hatte. Sie war unter dem Namen Angrboda (Angrboða) bekannt, was übersetzt die, die Kummer bringt bedeutet. Mit der Riesin zeugte Loki drei weitere Kinder, die jedoch nicht so göttlich waren wie Narfi und Váli. Diese monströsen Nachkommen sind die Weltenschlange Jörmungandr, Fenrir, der Wolf, und Hel, die Herrscherin von Helheim. Diese drei Kinder des Chaos waren Odins schlimmste Befürchtungen, denn ihnen wurde prophezeit, dass sie eine entscheidende Rolle bei der Vernichtung der Götter spielen würden, wenn Ragnarök kommt.

Obwohl Lokis Beziehung zu den Asen vor den Ereignissen von Ragnarök eher zweideutig war, da er sich weder auf ihre Seite noch gegen sie stellte, wurde dem Betrüger eine enge Beziehung zum Allvater nachgesagt. In *Lokasenna*, einem alten Gedicht der *Poetischen Edda*, behauptet Loki, Odin sei sein Blutsbruder, was dieser nie bestritt. Dies war jedoch nicht weiter verwunderlich, da sie gemeinsam verschiedene Abenteuer erlebt hatten, von denen eines sogar zur Entführung einer Göttin geführt hatte.

Es wird erzählt, dass alles begann, als Loki, Odin und Hönir nach Midgard, dem Reich der Menschen, reisten. Die drei Götter gelangten in eine bestimmte Region von Mittelerde, in der es nur wenige Nahrungsquellen gab. Nach ihrer langen Reise wurde das Trio schließlich hungrig, und sie begannen, durch das leere Land zu wandern und nach Tieren Ausschau zu halten, die sie jagen konnten. Wenig später stießen sie auf eine Herde Ochsen, die im Tal grasten. Ohne Zeit zu verschwenden, teilten die Götter ihre Aufgaben auf. Loki sollte einen der Ochsen jagen und schlachten, während Odin und Hönir den Lagerplatz vorbereiten und ein Feuer machen sollten.

Es dauerte nicht lange, bis der Schwindler mit dem geschlachteten Ochsen zurückkehrte, und sie begannen, sein

Fleisch über dem Feuer zu braten. So sehr sich die hungrigen Götter über die Zubereitung ihres Abendessens freuten, so sehr änderte sich ihre Miene, als sie bemerkten, wie lange es dauerte, bis das Fleisch gar war. Eine weitere Stunde verging, aber das Blut tropfte immer noch von dem Fleisch. Der Ochse war immer noch so roh wie am Anfang, als sie ihn über das Feuer legten. Verblüfft drehte sich das Trio um, um zu sehen, ob jemand in der Nähe war, der ihnen einen Streich spielte, und sie hatten völlig recht.

„Ich bin es", sagte eine unbekannte Stimme. „Es ist meine Magie, die verhindert, dass euer Fang gar wird." Die Stimme kam von einem riesigen Adler, der auf einem Baum hockte. „Erlaubt mir, meinen Teil des Fleisches zu bekommen, und erst dann werde ich meine Magie zerstreuen."

Da die Götter sahen, dass es keinen anderen Weg gab, stimmten sie zu. Der geheimnisvolle Adler schlug mit seinen gewaltigen Flügeln und flog zum Lagerplatz hinunter, bevor er eine große Portion des rohen Ochsen verschlang. Die drei Götter sahen zu, wie der Adler ihren Fang verschlang, und Loki wurde wütend, weil das riesige Wesen viel mehr gegessen hatte, als sie vereinbart hatten. Und so begann der Gott des Unheils, überstürzt zu handeln. Schnell ergriff er seinen Stab, oder ein Stück von einem kräftigen Ast, und stieß ihn in das Fleisch des riesigen Adlers.

Der Stab blieb jedoch in der Kralle des Adlers stecken, und als er davonflog, flog auch Loki davon, der sich noch am anderen Ende seines Stabes festhielt. Der Gott des Unheils war entsetzt, als der Adler immer höher in die Luft flog. Er flehte das riesige Wesen an, sich zu erbarmen und ihn sicher herunterzulassen. Der Adler, der sich daraufhin als Jötunn namens Thjazi entpuppte, wusste, dass dies die Gelegenheit war, einen Handel mit dem Gott abzuschließen. Er willigte ein, Loki unter einer Bedingung in Sicherheit zu bringen: Der Riese bat um Idun (Iðunn), die Asen-Göttin der Jugend und Verjüngung. Loki konnte sich keinen Trick einfallen lassen, um den Riesen zu stürzen, vor allem, wenn er hoch oben in den Lüften hing, also gab er ihm sein Wort.

Nach einer Weile kehrten die drei Götter nach Asgard zurück. Loki hatte nicht die Absicht, seine Abmachung mit dem Jötunn zu brechen. Anstatt die Asen über den Vorfall zu informieren, suchte Loki die Göttin der Jugend auf und schmiedete einen Plan.

Idun, die in den alten Gedichten nur wenige Male erwähnt wird, war eine der wichtigsten Gottheiten der nordischen Mythologie. Sie war nicht nur eine Göttin der Jugend, sondern auch die Hüterin der heiligen Äpfel. Da die Götter nicht unsterblich waren, mussten sie von Zeit zu Zeit Iduns magische Äpfel verzehren, damit sie bis zum Ende der Zeit jung bleiben konnten.

Loki wusste genau, dass Thjazi nicht nur die Göttin für sich haben wollte, sondern auch den magischen Apfel der Göttin. Als er Idun traf, lockte der Schwindler die Göttin aus den sicheren Mauern Asgards, wo der Riese in Gestalt eines Adlers bereit war, sie zu holen.

„Ich habe ein paar Früchte gefunden, die dich interessieren könnten", sagte der Trickser zu ihr. „Sie wachsen gleich außerhalb von Asgard. Nimm die Äpfel mit, damit du sie vergleichen kannst, und komm mit mir." Idun ahnte nichts, und so folgte sie ihm direkt in eine Falle.

Thjazi, der sich in einen Adler verwandelt hatte, kreiste am Himmel, als er die beiden Götter außerhalb der befestigten Mauern von Asgard entdeckte. Ohne zu zögern, flog er herab und schnappte sich die Göttin vom Boden. Idun wurde dann nach Thrymheim, Thjazis Wohnsitz in Jötunheim, gebracht.

Es dauerte jedoch nicht lange, bis die Asen Iduns Abwesenheit bemerkten, denn ohne ihre magischen Äpfel begannen die Götter zu altern, und ihre Kräfte ließen nach. Allen Asen, auch den schönsten und stärksten, wuchsen graue Haare auf dem Kopf und im Bart, und auf ihren göttlichen Gesichtern zeigten sich erste Falten. Sie suchten überall nach der Göttin der Jugend, aber sie fanden keine Spur von ihr.

So versammelten sich die Götter eines Tages, um über das Verschwinden der Göttin zu diskutieren. Einer von ihnen erinnerte sich, dass Idun zuletzt in Begleitung von Loki gesehen worden war. Da sie erkannten, dass der Schwindler hinter der Entführung stecken könnte, riefen sie ihn in die Halle. Sobald der Gott des Unfugs eintraf, drohten ihm die anderen Götter mit allen möglichen Strafen und sogar mit dem Tod, sollte er die Göttin und ihre Äpfel nicht nach Asgard zurückbringen. Wiederum um sein Leben fürchtend, überzeugte Loki die Götter, dass er alles tun würde, um sein eigenes Fehlverhalten wiedergutzumachen.

Als die Götter ihn gehen ließen, stürmte der Schwindler in Freyjas Halle und bat darum, ihr magisches Federkleid ausleihen zu dürfen. Mit dem Kleid konnte Loki sich in einen Falken verwandeln und flog direkt in das Land der Riesen. Als er in Thrymheim ankam, Thjazis dunkler und kalter Behausung auf dem Gipfel eines verschneiten Berges, musste Loki feststellen, dass der Riese sein Haus verlassen hatte. Es hieß, er sei auf das Meer hinausgefahren, um zu fischen, und habe Idun allein und unbewacht in seiner Halle zurückgelassen. Ohne auch nur eine Sekunde zu zögern, verwandelte Loki die Göttin in eine Nuss und trug sie in seinen Krallen, während er so schnell er konnte in Richtung Asgard flog.

Nicht lange, nachdem die beiden Götter entkommen waren, kehrte Thjazi in seine Halle zurück. Wütend darüber, dass seine Beute nicht mehr in seinem Besitz war, verwandelte er sich in einen riesigen Adler und jagte dem Betrüger hinterher. Die Götter in Asgard konnten sehen, wie Loki sich ihren Mauern näherte und Thjazi hinter ihm her war. Rasch errichteten sie ein großes Feuer um die Mauern. Als Thjazi vorbeikam, verbrannten seine Federn und er stürzte in den Tod. Da der Riese tot und die Göttin der Jugend zurückgekehrt war, wurde Loki verschont.

Doch die Geschichte ist hier noch nicht zu Ende, denn Thjazis Tochter Skadi stürmte mit Waffen in den Händen nach Asgard, bereit, den Tod ihres Vaters zu rächen. Die Asen wollten an diesem Tag nicht noch mehr Blut vergießen, zumal sie in ihrer Halle die Rückkehr Iduns feierten. Und so verhandelten sie mit der Riesin und erklärten sich bereit, Thjazis unglücklichen Tod zu kompensieren.

Der wütenden Riesin wurden drei Entschädigungen angeboten. Die erste war eine Zeremonie, bei der Odin die Augen von Thjazi nahm und sie in den Himmel warf, wo sie später zu zwei leuchtenden Sternen wurden. Dann verlangte Skadi von den Göttern, sie zum Lachen zu bringen, woraufhin sich die Götter an Loki wandten, nachdem die meisten ihrer Tricks fehlgeschlagen waren. Der Trickser kam dann auf die Idee, mit einer Ziege Tauziehen zu spielen. Anstatt das Seil mit seinen eigenen Händen zu ziehen, band er es um seine Hoden. Als die Ziege zu stark an dem Seil zog, schrie Loki auf und fiel in Skadis Schoß, woraufhin die Riesin lachen musste. Die dritte Entschädigung war ein Heiratsantrag: Skadi sollte sich einen der Götter aussuchen, aber sie würde sich für einen entscheiden, indem sie nur dessen Beine ansah. Die Riesin deutete auf das schönste Beinpaar, das ihre Aufmerksamkeit erregte, und dachte, es gehöre Baldur. Tatsächlich aber war es Njörd, der Asen-Gott des Meeres. Ihre Ehe hielt leider nicht lange, aber der Friede zwischen der Riesin und den Asen war tatsächlich hergestellt, und kein einziger Tropfen Blut wurde vergossen.

Obwohl Loki derjenige war, der die Entführung veranlasst hatte, setzte er sich am Ende durch. Der Schwindler brachte die Göttin zurück in ihre Halle, und im Gegenzug wurde sein Leben verschont. Das war jedoch nicht der Fall, als er seinen Streich ein wenig zu weit trieb und den Tod des beliebtesten Gottes von Asgard, Baldur, verursachte. Er wurde hart bestraft, aber während Ragnarök befreite sich der Gott des Chaos von seinen Fesseln und lieferte sich einen tödlichen Kampf mit Heimdall.

Kapitel 6 - Heimdall und Hermod

Der Allvater war nicht der Einzige, der auf der Suche nach Wissen und Gaben durch die Reiche gereist war. Auch von Heimdall heißt es, er habe Mimirs Wissensbrunnen betreten und ein Opfer dargebracht. Während Odin sein Auge im Tausch gegen höchste Weisheit opferte, warf Heimdall eines seiner Ohren in den Brunnen, um mit einem außergewöhnlichen Hörvermögen gesegnet zu werden.

Seit der Opferung konnte der Gott alles um sich herum hören, egal wie leise oder laut der Ton war. Man glaubte sogar, dass Heimdall die Gräser hören konnte, die aus der Erde wuchsen, und die Wolle eines Schafes, die an seinem Körper wuchs. Aber das waren noch nicht alle seine mächtigen Fähigkeiten, denn der Gott hatte auch ein scharfes Sehvermögen. Heimdall konnte Objekte aus einer Entfernung von hundert Meilen sehen, egal ob bei Tag oder bei Nacht. Außerdem brauchte er so gut wie keinen Schlaf und konnte jederzeit mit Leichtigkeit wach bleiben.

Dies sind einige der Dinge, die die Götter Asgards dazu veranlassten, ihn zum Wächter ihrer Stadt zu ernennen. Aufgrund seines bemerkenswerten Sehvermögens und seines außergewöhnlichen Gehörs erhielt Heimdall eine Halle in Himinbjörg, einem Reich direkt unter dem Himmel und ganz oben auf der Regenbogenbrücke, Bifröst. Jeden Tag bestieg Heimdall sein einziges Pferd, Gulltoppr, und ritt von seiner Halle nach Bifröst, wo er ohne Pause Wache hielt. In seiner Hand hielt er das Gjallarhorn, das Horn, mit dem er den Beginn von Ragnarök einläuten würde. Als die Götterdämmerung schließlich eintrat, wurde Heimdall prophezeit, dass er gegen Loki kämpfen würde, wobei sie sich gegenseitig erfolgreich töten würden.

Es gibt nur noch wenige Schriften, die Heimdalls Abstammung beschreiben, aber Snorri behauptete, dass sein Vater kein anderer als Odin war. Heimdall hatte auch neun Mütter, was die neun Reiche symbolisieren könnte. Obwohl die Namen seiner Mütter alle in der Poetischen Edda erwähnt werden, haben einige Gelehrte sie auch mit den neun Töchtern von Ägir in Verbindung gebracht, vor allem, weil es hieß, er sei am Rande der Welt geboren. Diese Behauptung wird jedoch von vielen angezweifelt, da ihre Namen nicht mit denen der Ägirstöchter übereinstimmen.

Obwohl Odin, Hönir und Lodurr (Loðurr) die ersten beiden Menschen in der Welt erschufen, war es Heimdall, der für die sozialen Klassen in Midgard verantwortlich war. In der nordischen Welt waren die sozialen Klassen in vier unterteilt: Sklaven, Karls, Jarls und Könige. Die unterste Klasse, die Sklaven, wurde geboren, als Heimdall unter dem Namen Rig nach Midgard reiste. Nach einer langen Reise stieß Rig auf eine baufällige Hütte, die einem alten Ehepaar namens Ái (Urgroßvater) und Edda (Urgroßmutter) gehörte. Die beiden Menschen waren sehr arm und konnten es sich nur leisten, grobe Kleidung zu tragen und in einer kleinen Hütte zu leben. Doch als sie Rig sahen, empfingen sie ihn mit offenen Armen und luden den Reisenden ein, bei ihnen zu übernachten. „Wir haben nur wenig, aber wir können dir eine Schüssel Suppe und etwas Brot anbieten", sagte das arme Paar.

Rig hatte nichts dagegen, und er war mit ihrer Gastfreundschaft mehr als zufrieden. Er genoss ihre Gesellschaft sogar so sehr, dass er drei Tage bei ihnen blieb. Jede Nacht schlief der Reisende zwischen den beiden Menschen auf deren Bett. Als die drei Tage um waren, verließ Rig das Paar, und sie nahmen ihr Leben wieder auf. Neun Monate, nachdem der Reisende gegangen war, gebar Edda einen Sohn. Sein Name war Thrall, was einfach Sklave bedeutet. Der Junge hatte einen krummen Rücken, und als er heranwuchs, verrichtete er schließlich Arbeiten, die normalerweise einem Sklaven vorbehalten waren. Bald darauf heiratete Thrall Thír, eine schmuddelige Frau mit einer Hakennase, mehreren Narben auf der Haut und sonnenverbrannten Armen. Gemeinsam gebaren sie viele Kinder, die alle als Sklaven aufwuchsen. Damit war die erste und unterste Gesellschaftsschicht der nordischen Welt geboren.

„Rig in Urgroßvaters Haus" von W. G. Collingwood, 1908
https://commons.wikimedia.org/w/index.php?curid=4736123

Als Nächstes reiste Rig (Heimdall) wieder durch die Welt und hielt an einem anderen Haus an. Dieses Haus gehörte einem anderen Ehepaar, das sich Afi (Großvater) und Amma (Großmutter) nannte. Im Gegensatz zu dem vorherigen Haus, das er besucht hatte, war das Haus von Afi und Amma etwas besser und größer. Das Paar war auch ordentlich gekleidet. Genau wie zuvor wurde Rig Essen angeboten, nur von besserer Qualität als beim letzten Mal, sowie eine Unterkunft für drei Nächte. Als seine Zeit abgelaufen war, verabschiedete sich der Reisende erneut und verließ das Paar. Neun Monate später brachte Amma Karl zur Welt, einen rothaarigen Jungen mit ansehnlicheren Gesichtszügen als Thrall. Als er aufwuchs, verrichtete Karl nicht die typischen Sklavenarbeiten, sondern nutzte seine Fähigkeiten, um auf dem gedüngten Land Weizen anzupflanzen und Nutztiere zu züchten.

Bald lernte Karl die Liebe seines Lebens kennen. Ihr Name war Snør, und gemeinsam brachten sie viele Kinder zur Welt, die alle wie ihre Eltern zu Bauern heranwuchsen. Auf diese Weise entstand die zweite Gesellschaftsschicht.

Als Rig seine Reise durch das Land fortsetzte, stieß er auf ein weiteres Haus. Dieses Mal war der Unterschied offensichtlich, denn das Haus war viel größer und komfortabler als die beiden vorherigen zusammen. Drinnen wurde Rig von einem anderen Paar namens Modir (Mutter), einer hellhäutigen Frau, die ein hübsches langes Kleid mit ein paar glänzenden Schmuckstücken trug, und Fadir (Vater), einem Mann mit gepflegtem Äußeren, herzlich empfangen. An ihrem Esstisch wurde Rig ein reichhaltiges Abendessen serviert. Es gab perfekt geschnittenes Weißbrot, einen Teller voll mit gekochtem Fleisch und Geflügel und eine großzügige Menge Wein.

Wie zuvor blieb Rig drei Tage lang bei dem Paar und schlief mit ihnen in ihrem Bett. Neun Monate später brachte Modir ein weiteres Kind zur Welt, das den Namen Jarl trug. Der Junge hatte wunderschöne Augen und blondes Haar. Als er heranwuchs, zeigte ihm sein Vater, wie man reitet. Er lehrte ihn, wie man richtig jagt und wie man am besten ein Schwert führt, einen Speer schleudert und Pfeile schießt. Als Jarl ein gewisses Alter erreichte, kehrte Rig in sein großes Haus zurück, wo er ihn das Lesen von Runen lehrte, und ihn ermutigte, Länder zu erobern. Jarl erhielt auch Rigs Namen und wurde zu seinem Erben ernannt.

Mit diesem nützlichen Wissen, das ihm sein Vater und Rig beigebracht hatten, begab sich Jarl auf seine eigene Reise, auf der er Erna kennenlernte. Nachdem er sie geheiratet hatte, zeugten sie viele gemeinsame Kinder. Mit Jarl und seinen Kindern wurde die dritte Gesellschaftsschicht geschaffen.

Die Krähe warnt Konr von W. G. Collingwood, 1908.
https://commons.wikimedia.org/w/index.php?curid=4736159

Dem Beispiel seines Vaters folgend, brachte Jarl seinen vielen Söhnen alles bei, was er wusste, vom Reiten über die Jagd und den Umgang mit Waffen bis hin zum Lesen von Runen. Sein jüngster Sohn, Konr, erwies sich jedoch als etwas Besonderes, da er die Fähigkeit besaß, aus den Runen zu zaubern und die Sprache der Vögel zu verstehen. Mit viel Übung beherrschte er die Kunst der Runen und wurde sogar besser als Rig selbst. Und so begann mit Konr die lange Reihe der Helden, Könige und Königinnen in Midgard.

Mit der Erschaffung aller vier Gesellschaftsschichten erwarb sich Heimdall einen weiteren Namen und wurde von vielen als der Vater der Menschheit bezeichnet.

Neben Heimdall ist ein weiterer Gott Asgards, dessen Name nur wenige Male in den alten Gedichten erwähnt wird, Hermod (Hermóðr). Da der Wächter der Götter während der Götterdämmerung sterben sollte, glaubte man, dass Hermod das Ende des tödlichen Ereignisses überleben würde. Zusammen mit einigen anderen Göttern und Göttinnen sollte er beim Aufbau einer neuen Welt helfen.

Als Mitglied der Asen galt Hermod als Kriegergott, und sein Name bedeutet so viel wie Geist des Krieges oder Wut des Krieges. Obwohl es mehrere Quellen gibt, die Hermod eher als menschlichen Helden denn als Gott beschreiben, war die berühmteste Behauptung, dass er in der Tat der Sohn von Odin und seiner Frau Frigg war, was Baldur und Hodr zu seinen Brüdern machte. Da Hermod als Kriegsgott erzogen wurde, wird angenommen, dass er ein tapferer Gott war, der einen guten Kampf liebte. Oft sah man ihn mit einem Helm und seinem kostbaren Kettenhemd, das ihm sein Vater geschenkt hatte. In seinen Händen trug der Gott einen Zauberstab oder einen Stab namens Gambantein. Wenn er nicht gerade kämpfte, hielt er sich in Walhalla auf, um die vom Allvater auserwählten gefallenen Krieger, die sogenannten Einherjar, willkommen zu heißen.

Obwohl Hermod in der nordischen Mythologie als unbedeutender Gott angesehen wurde, spielte er nach dem Tod seines Bruders Baldur eine wichtige Rolle. Fast wie Hermes aus der griechischen Mythologie war Hermod auch als Götterbote bekannt. Die Asen, insbesondere der Allvater, erteilten ihm Aufträge, die es erforderlich machten, dass er durch die Reiche reiste. Er wurde als der schnellste Gott im Pantheon beschrieben und war der Einzige, der Odins treues Ross Sleipnir besteigen durfte.

Seine Gewandtheit wurde in Snorris *Prosaische Edda* ausführlich beschrieben. Nach dem Tod des strahlenden Gottes Baldur wurden Asgard und das gesamte Universum von äußerster Verzweiflung und Trauer überschattet. Die Götter und Göttinnen kamen nicht zur Ruhe, nicht nur, weil sie ihren geliebten Gott verloren hatten, sondern auch, weil sein Tod bedeutete, dass Ragnarök bald kommen würde. Nach Baldurs Beerdigung bemühte sich Frigg, die Königin der Götter, ihren Sohn wieder zum Leben zu erwecken. Sie war sich fast sicher, dass jemand Hel, die Herrscherin über das Land der Toten, überreden könnte, ihren Sohn freizulassen, da sein Tod so große Verwüstung und Trauer verursacht hatte. Und so fragte Frigg die Götter und Göttinnen, die sich vor ihr versammelt hatten: „Wer von euch ist mutig genug, um in das dunkle Land der Toten zu reisen und mit seiner Herrscherin zu sprechen? Seid mein Bote, überzeugt Hel, meinen Sohn aus ihrem Griff zu entlassen, und ich werde für immer in eurer Schuld stehen."

Während die meisten Götter zu Friggs verzweifelter Bitte schwiegen, trat Hermod vor. „Ich werde zu Hel reiten und meinen Bruder aus dem dunklen Reich befreien", sagte der flinke Gott entschlossen. Ohne zu zögern, bereitete sich Hermod auf die schwierige Reise vor. Auf Odins größtem Pferd, Sleipnir, galoppierte der Gott durch die Lüfte und aus der befestigten Stadt Asgard hinaus. Neun Nächte lang ritt Hermod durch die Reiche und durch tiefe Täler und Schluchten. Es hieß, dass seine Reise so dunkel war, dass er kaum etwas sehen konnte. Erst als er das laute Rauschen des Gjöll hörte, des Flusses, der das Land der Lebenden von dem der Toten trennte, zog der Gott an den Zügeln und kam zum Stehen.

Um Helheim zu erreichen, musste Hermod die Gjallarbrú überqueren, eine goldglänzende Brücke, die sich über den Fluss spannte. Doch die Reise war nicht einfach, denn die Brücke wurde von Hels treuer Jungfrau Modgud (Móðguðr) bewacht. Die riesige Jungfrau hatte nur eine Aufgabe: Sie sollte diejenigen, die die Brücke überqueren wollten, nach ihrem Namen und ihrem Beruf fragen. Sobald sie die Informationen erhalten hatte, gewährte

Modgud ihnen den Zugang unter einer Bedingung, und zwar, dass sie tot sein mussten.

„Warum sollte jemand mit warmem Fleisch und Seele diese Brücke überqueren wollen? Der einzige Ort, der nördlich von hier liegt, ist Helheim", sagte die Maid.

„Ich muss die Brücke überqueren und in das Reich reisen, denn ich habe eine dringende Nachricht, die eurer Herrin überbracht werden muss", erwiderte Hermod mit strenger Stimme.

Als Hermod die Brücke überquert hatte, stand er vor einem massiven Eisentor, das das Reich der Toten bewachte. Es war verschlossen, und die einzige Möglichkeit für den Gott, hindurchzukommen, bestand darin, hinüberzuspringen. Glücklicherweise ritt er auf dem größten Pferd des Universums. Er hielt die Zügel fest in der Hand und trieb Sleipnir auf das riesige Tor zu. Das achtbeinige Pferd sprang hoch über das Tor und landete sicher auf dem Gelände von Helheim. Im Reich machte sich Hermod direkt auf den Weg in die große Halle von Hel, wo er schließlich Baldur und seine Frau an einem Tisch sitzen sah, die ihr Festmahl genossen.

„Warum bist du in dieses Land des trostlosen Nichts gekommen, mein lieber Bruder?" fragte Baldur den flinken Gott.

„Ich bin gekommen, um mit der Herrin der Toten zu verhandeln, damit ich dich in das Land der Lebenden zurückbringen kann."

Baldur schenkte ihm ein warmes Lächeln und antwortete: „Kehre in deine Heimat zurück, Bruder, denn deine Bitte ist in der Tat unmöglich. Es ist noch nicht an der Zeit, dass ich zurückkehre."

Natürlich wollte der flinke Gott nicht mit leeren Händen nach Asgard zurückkehren. „Verzeih mir, Bruder, aber ich muss Erfolg haben." Und so blieb er drei Tage lang mit seinem Bruder in der Halle, bevor er schließlich Hel traf.

Während Hermods Audienz bei Hel, der Riesin, die über die Toten herrschte, überzeugte er sie davon, dass Baldurs Tod für so viele Wesen in der Welt nichts als tiefen Kummer bedeutet. Er flehte die Riesin an, Baldur und seine Frau aus dem kalten Reich zu befreien, und sie stimmte zu, wenn die Lebenden ihre einzige Bedingung erfüllen würden.

„Wenn das, was du sagst, wahr ist, dann zeige es mir. Ich möchte, dass alle Dinge im Universum um den Tod des strahlenden Gottes trauern und weinen. Erst dann werde ich sie wieder in das Land der Lebenden entlassen", antwortete Hel auf die Bitte des Gottes. „Nun kehre dorthin zurück, wo du hergekommen bist, denn du gehörst nicht in mein Reich, und überbringe den Göttern diese Botschaft."

Mit diesen Worten bestieg Hermod Sleipnir und eilte zurück nach Asgard. Er überbrachte die Worte der Hel und übergab sie den Asen. Frigg, die wusste, dass es eine Chance für die Wiederauferstehung ihres Sohnes gab, schickte schnell Abgesandte in die ganze Welt, um sicherzustellen, dass jeder in jeder Ecke des Universums um ihren Sohn weinte. Hermods Reise in die Unterwelt, um seinen Bruder zu retten, war jedoch nicht erfolgreich. Am Ende war Baldur gezwungen, in Helheim zu bleiben, da nicht alle seinen Tod betrauerten.

Kapitel 7 - Baldur und Vidar

Es war fast unmöglich, den Gott Baldur zu hassen, der manchmal auch Baldr oder Balder genannt wird. Man konnte eine Ewigkeit damit verbringen, nach seinen Fehlern zu suchen, aber es wäre beinahe unmöglich, einen zu finden, es sei denn, man glaubte, dass es ein Fehler war, zu gütig und nachsichtig zu sein. Baldur wurde von vielen geliebt, sei es von denen, die hoch oben auf ihrem Thron in Asgard saßen, oder von denen, die auf ihren Höfen in Midgard arbeiteten. Einige behaupteten sogar, dass es selbst den Riesen schwer fiel, ihn zu verachten, mit Ausnahme von Thökk, der Riesin, vermutlich Loki in Verkleidung, die sich weigerte, seinen Tod zu beweinen. Obwohl Baldur nicht ehrenvoll im Kampf starb, wurde ihm nach seinem Tod eine besondere Behandlung zuteil. Das einzige Manko daran war, dass der Gott in Helheim statt in Walhalla festsaß.

„Baldur" von Johannes Gehrts, 1901.
https://commons.wikimedia.org/w/index.php?curid=4643348

Der strahlende Gott war der Sohn des Allvaters und seiner Frau Frigg. Er hatte einen Bruder namens Hodr, der jedoch alles andere als perfekt war. Baldurs Bruder war blind und fiel später einem von Lokis hinterhältigen Streichen zum Opfer. Baldur war mit Nanna verheiratet, einer weiteren Göttin Asgards, über die wir nur wenig wissen. Manche behaupten, sie sei die Göttin der Freude, was perfekt zu den Eigenschaften ihres Mannes passt. Gemeinsam bekamen sie einen Sohn namens Forseti, der als Gott der Gerechtigkeit und Versöhnung galt. Während ihr Sohn in Glitnir residierte, einer Halle mit einem silbernen Dach und goldenen Säulen, wohnten Baldur und seine Frau in Breidablik (Breiðablik). Sein Reich war in der Tat das schönste und makelloseste unter den Göttern.

Die berühmteste Eigenschaft des Gottes war seine absolute Fairness. Obwohl den meisten Göttern und Göttinnen in Asgard ein eigenes göttliches Aussehen nachgesagt wurde, übertraf Baldurs Aussehen alle anderen. Er wurde als der am besten aussehende Gott des Pantheons bezeichnet. Es verging kein Tag, an dem er nicht so fröhlich war, dass das Licht aus ihm herausstrahlte, weshalb er auch als der strahlende Gott bekannt war. Seine Fairness zeigte sich jedoch nicht nur in seinem Aussehen, sondern auch in seinem Verhalten und seiner Urteilsfähigkeit. Baldur war äußerst gütig und so redegewandt, dass er jede Art von Streit leicht schlichten konnte. Es gelang sogar dem temperamentvollsten Gott, Thor, sich zu beruhigen, wenn Baldur mit ihm sprach. Sein Urteil war immer so klar und gerecht, dass keiner der Asen ihn zweimal in Frage stellen würde. Baldur wurde in der Tat von allen respektiert.

Obwohl Baldur selten als Kriegsgott dargestellt wurde, der wie Odin und Thor zu langen Abenteuern durch die Reiche zog, vor allem in der *Prosaische Edda*, wo er oft als eher passiver und unschuldiger Gott beschrieben wurde, behaupten einige, dass er tatsächlich ein außergewöhnlicher Kämpfer war. Der Gott hatte sogar sein eigenes Schiff namens *Hringhorni*, das schneller als der Wind über den Ozean segeln konnte. Der dänische Geschichtsschreiber Saxo Grammaticus schilderte Baldur als einen starken Krieger, der geschickt mit Waffen umzugehen wusste. Die bekannteste Erzählung über den Gott war jedoch die über seinen Tod. Die Geschichte ist zwar sehr bewegend, aber sein Tod stellte auch die Weichen für den Beginn von Ragnarök.

Die Nornen hatten ihre Fäden gesponnen, und Baldur musste sterben, ganz gleich, was seine beschützenden Eltern tun würden. Als der Gott von einem unheilvollen Albtraum geplagt wurde, wusste er, dass ihn das Grauen erwartete. Odin ritt sofort in die Unterwelt, um eine tote Seherin um Hilfe zu bitten, aber nicht einmal der Allvater konnte das Schicksal seines geliebten Sohnes ändern. Frigg, obwohl sie von der Prophezeiung wusste, wollte alles tun, um den Tod ihres Sohnes hinauszuzögern. Doch auch die Göttin würde scheitern, denn Loki hatte seine Pläne bereits ausgeheckt. Die Frauen des Schicksals hatten bereits entschieden, dass Baldur durch die Hand seines unschuldigen, blinden Bruders sterben würde und dass keine Kraft ihn wieder zum Leben erwecken könnte, zumindest nicht, bevor die Ereignisse von Ragnarök vorüber waren.

„Vidar zu Pferd" von Lorenz Frølich, 1895.
https://commons.wikimedia.org/w/index.php?curid=4668350

Im Gegensatz zu Baldur, der wegen seiner heiteren Eigenschaften und gerechten Urteile von den Göttern geschätzt wurde, wurde sein Halbbruder Vidar mit etwas Dunklerem in Verbindung gebracht. Vidar war der Gott der Vergeltung. Doch wie bei vielen anderen Göttern und Göttinnen in Asgard ist über ihn nicht viel überliefert, außer dass er aus der Beziehung zwischen Odin und einer Riesin namens Grid (Gríðr) hervorging. Vidar wohnte in der befestigten Stadt der Götter, aber der Name seines eigenen Reiches wurde nicht erwähnt, wie bei den anderen Mitgliedern der Asen. Das Einzige, was wir wissen, ist, dass sein Land einst mit hohen Gräsern und Bäumen bewachsen war.

Ähnlich wie Odin seinen Speer und Thor seinen Hammer hütete, hatte auch Vidar seinen eigenen wertvollen Besitz. Der Gott besaß einen robusten und zugleich magischen Schuh, der speziell für die letzte Schlacht angefertigt wurde. Jeden Tag sammelte Vidar Lederreste, die von den Schuhmachern übriggeblieben waren, und befestigte sie an seinem Schuh. Mit der Zeit wurde sein Schuh so dick und robust, dass selbst die schärfste Klinge ihn nicht mehr durchdringen konnte. Das war derselbe Schuh, den er tragen würde, um seinen Vater zu rächen.

Vidar war auch als der schweigende Gott bekannt. Der Grund dafür bleibt jedoch unbekannt. Einige vermuten, dass es daran lag, dass der Gott nie mit seinem Sieg über Fenrir prahlte, während andere behaupten, dass es daran lag, dass Vidar nur in einer einzigen Sage vorkam. Sicher ist, dass wir nichts über seine Persönlichkeit wissen, außer dass er sehr stark war. Vidar galt als einer der stärksten Götter in Asgard, gleich nach Thor. Obwohl der Gott in den alten Gedichten nur wenige Male erwähnt wurde, denn sein Name taucht kurz in drei Gedichten der *Poetischen Edda* und zwei Gedichten der *Prosaischen Edda* auf, spielte Vidar zweifellos eine große Rolle während der Götterdämmerung.

Vidar ersticht Fenrir von W. G. Collingwood, 1908.
https://commons.wikimedia.org/w/index.php?curid=4657687

Seit Anbeginn der Zeit wurde prophezeit, dass fast alle Götter durch die Kräfte des Chaos untergehen würden, auch der Allvater selbst. Thor gelang es, Jörmungandr zu erschlagen, bevor er starb, Heimdall tötete erfolgreich Loki, bevor er seinen eigenen Wunden erlag, und Tyr und Garm erschlugen sich gegenseitig. Odin war nicht in der Lage, seinen Schicksalsfeind Fenrir zu töten. Der einäugige Gott wurde von dem Riesenwolf verschlungen, aber sein Tod wurde sofort von seinem eigenen Sohn Vidar gerächt.

Der tapfere Gott, der seinen Lederschuh trug, sprang auf Fenrirs Unterkiefer und hielt das Maul der monströsen Kreatur mit seinen bloßen Händen offen. Dem Gedicht *Gylfaginning* zufolge soll Vidar den Wolf getötet haben, indem er ihm den Kiefer zerriss, obwohl es andere Quellen gibt, die behaupten, er habe Fenrir getötet, indem er dem Wolf in sein schlagendes Herz stach.

Nichtsdestotrotz gelang es dem schweigsamen Gott, dem Leben der monströsen Kreatur ein Ende zu setzen und den Tod seines Vaters zu rächen, genau wie es die Seherin vorausgesehen hatte. Als nach den schrecklichen Ereignissen von Ragnarök neues Land aus dem Wasser auftauchte, sollte Vidar zusammen mit einigen anderen überlebenden Göttern die Welt wieder aufbauen.

Kapitel 8 - Freyja und Frigg

Die Göttin Freyja war nicht nur bei den Asen beliebt, sondern auch bei den Riesen aus den ungezähmten Ländern von Jötunheim. Sie galt als die schönste und beste Göttin Asgards, was erklärt, warum einige Riesen mit allen Mitteln versuchten, sie in ihre Hände zu bekommen. Einmal bot ein Riese, der sich als Baumeister verkleidete, den Göttern an, ihnen beim Bau der Mauern um Asgard zu helfen. Im Gegenzug verlangte er die Göttin. Ein anderer Riese, der den Namen Thrym trug, stahl einst Thors mächtigen Hammer. Als die Götter von ihm verlangten, dass er die Waffe seinem Besitzer zurückgibt, hielt der angeberische Riese um Freyjas Hand an.

Ihre wundersame Schönheit war jedoch nicht die einzige Eigenschaft, die sie besaß. Freyja wurde nämlich mit Fruchtbarkeit, Liebe, Sexualität und Magie in Verbindung gebracht. Die Göttin galt auch als eine der wichtigsten Gottheiten unter den Asen. Dank ihr erlangten die Asen die mächtige Seidr-Kunst, eine schamanische Magie, mit der man die Zukunft vorhersehen und gestalten konnte. Ursprünglich gehörte Freyja zum Stamm der Vanir, und erst nach dem Ende des Götterkrieges wurde sie ein ehrenwertes Mitglied der Asen. Die Göttin war die einzige Tochter von Njörd, dem Vanir-Gott des Meeres, und einer unbekannten Mutter. Freyja hatte auch einen Zwillingsbruder namens Freyr.

Sie soll mit einer obskuren Gestalt namens Odr (Óðr) verheiratet gewesen sein, von der manche behaupten, dass es sich dabei um Odin handelte, und zusammen hatten sie zwei wunderschöne Töchter namens Hnoss und Gersemi. Über ihren Mann und ihre beiden Kinder ist nicht viel bekannt, außer dass Odr einmal auf eine Reise ging und Freyja für lange Zeit zurückließ. Die Göttin machte sich bald Sorgen um ihren Mann und machte sich auf die Suche nach ihm, aber ohne Erfolg. Da sie wusste, dass sie ihren geliebten Gatten nicht mehr sehen konnte, weinte die Göttin, und als ihre Tränen auf die Erde fielen, verwandelten sie sich in Gold.

Während ihr Zwillingsbruder im Reich Alfheim regierte und wohnte, lebte Freyja in Asgard. Sie hatte ihre eigene kunstvolle Halle namens Sessrúmnir, die in der Mitte von Folkwang stand, demselben Feld, auf dem ihre handverlesenen gefallenen Krieger residierten. Da ihr Status in Asgard fast mit dem des Allvaters gleichzusetzen war, wurde der Göttin die Ehre zuteil, auszuwählen, welche der tapfersten Krieger ihre Halle zuerst betreten durften. Sobald sie ihren Teil der Krieger und Helden ausgewählt hatte, würde Odin erst die andere Hälfte in seine Halle, Walhalla, bringen.

Eine Illustration von Freyja, die auf ihrem Eber reitet, von Lorenz Frølich, 1895.
https://commons.wikimedia.org/w/index.php?curid=5404472

Genau wie die anderen Götter Asgards hatte auch Freyja ihre eigene Art, durch die Reiche zu reisen. Entweder ritt sie auf ihrem Wagen, der von zwei schwarzen Katzen gezogen wurde, oder sie verwandelte sich mit Hilfe ihres magischen Federkleides in einen Falken, wodurch sie leicht zwischen den Reichen hin- und herfliegen konnte. Manchmal sah man die Göttin auch auf einem Wildschwein namens Hildisvini reiten, demselben Wildschwein, das Loki einst beschuldigte, ihr menschlicher Geliebter Ottar in

Verkleidung zu sein.

Doch das war nicht die einzige Anschuldigung, die Loki gegen Freyja erhob. Der Schwindler behauptete einst, die Göttin sei eine unmoralische Frau, weil sie mit mehr als einem Dutzend anderer Männer geschlafen habe, sei es ein Gott, ein Mensch, ein Elf oder ein Zwerg, obwohl sie tatsächlich die Göttin der Lust und Sexualität war. Loki hatte zwar eine scharfe Zunge, aber er beschuldigte die Götter und Göttinnen nicht ohne Grund. Die Anschuldigungen begannen mit der Geschichte, wie Freyja zu ihrer kostbaren Halskette, dem Brisingamen, kam.

An einem schönen Morgen verließ die Göttin ihre Halle und wurde von keinem Geringeren als dem Gott des Unheils selbst gesehen. Loki folgte ihr, als sie mit verdächtigem Verhalten über Bifröst, durch Midgard und in das dunkle Reich von Svartalfheim ging. Schließlich blieb sie an einer unbekannten Höhle stehen. Vorsichtig betrat die Göttin die dunkle Höhle und bahnte sich ihren Weg durch den engen Gang, während Loki ihr immer noch leise folgte. Als sie das Ende der Höhle erreichten, begann sich die Temperatur der Luft zu verändern, es war etwas heißer als zuvor. Hier stieß Freyja auf eine Schmiede, die vier Zwergen namens Dvalinn, Alfrik, Berling und Grer gehörte. So sehr die schöne Göttin sie auch in ihren Bann zog, die Zwerge hörten nicht auf zu arbeiten, sie hämmerten und härteten weiter an einem besonderen Schatz.

Freyja in der Zwergenhöhle von Louis Huard, 1891.
https://commons.wikimedia.org/w/index.php?curid=4596949

Der Göttin wurde eine große Liebe für Gold nachgesagt, und so genügte ihr ein einziger Blick auf die glänzende Halskette, um sich zu verlieben. Völlig hypnotisiert von ihrem Glanz und den filigranen Mustern und Windungen, machte Freyja den Schmiedemeistern sofort ein Angebot. „Ich werde euch haufenweise Gold und Silber im Tausch gegen diese feine Halskette geben."

Die Zwerge lehnten das Angebot jedoch ab, da sie behaupteten, sie besäßen bereits so viel Silber und Gold, dass sie keinen Bedarf mehr hätten. „Wenn das so ist, dann nennt mir euren Preis, und ich kümmere mich darum", sagte die Göttin erneut und weigerte sich, die Höhle ohne die kunstvolle Halskette zu verlassen.

„Verbringt eine Nacht mit jedem von uns, und ihr könnt die Kette mitnehmen", forderte einer der Zwerge.

Obwohl sich die Göttin vor deren bösen Mienen ekelte, willigte sie ein und verbrachte mit jedem von ihnen eine Nacht. Am Ende der vierten Nacht kam einer der Zwerge mit der schimmernden Halskette zu ihr und legte sie ihr um den Hals. Zufrieden verabschiedete sich die Göttin von den Zwergen und kehrte schnell in ihre Behausung in der befestigten Stadt der Götter zurück. Doch Loki, der Zeuge des ganzen Geschehens war, war schon lange vor ihr nach Asgard zurückgekehrt. In der Stadt angekommen, begab sich der Schwindler direkt in die Halle Odins, wo er um eine sofortige Audienz beim Allvater bat.

„Was ist das Problem, dass du mich so eilig sehen musst?", fragte der einäugige Gott, während er auf seinem Hochsitz saß, begleitet von seinen Wölfen, die zu seinen Füßen lagen.

Ohne zu zögern, erzählte der Trickser dem Gott von Freyjas neu erstandener Halskette und was sie alles getan hatte, um sie zu bekommen. Der Allvater sprang zornig auf und schlug mit seinem Speer Gungnir auf den Boden unter ihm. „Das ist ungeheuerlich!" brüllte Odin.

Loki hingegen setzte ein finsteres Lächeln auf, das jedoch sofort verblasste, als er den Befehl des Allvaters hörte. „Nimm sie ihr weg, Loki. Allein diese Strafe würde sie leiden lassen."

Der Gott des Unheils schnitt eine Grimasse. „Ich glaube, es wäre unmöglich, sich gegen ihren Willen in ihre Halle zu schleichen."

Wieder schlug Odin mit seinem Speer auf den Boden. „Besorg mir die Kette, Loki, oder lass dich nie wieder blicken!"

In dieser Nacht schlich sich Loki in Freyjas Halle und bahnte sich leise seinen Weg zu ihrem Hauptgemach. Die Tür war jedoch fest verschlossen, und der Betrüger konnte sie nicht öffnen. Also tat der schlaue Gott, was er tun musste: Er verwandelte sich in eine Fliege und kundschaftete die Gegend aus. Wie er erwartet hatte, war Freyjas Halle so gut gebaut, dass es nicht einmal ein winziges Loch gab, durch das sich der Gestaltwandler hätte zwängen können. Er konnte weder durch das Schlüsselloch noch durch den Spalt zwischen dem Boden und der verriegelten Tür eindringen. Loki flog dann zum Dach, wo er endlich eine Öffnung sah. Der Spalt war so klein, dass der schlaue Gott sich kaum hindurchzwängen konnte.

Doch als er endlich in die Kammer gelangte, gab es ein weiteres Problem, denn Freyja schlief auf dem Rücken und hatte die Halskette um den Hals gelegt. Der Schwindler war nicht in der Lage, die glänzende Kette zu entfernen, ohne die Göttin zu wecken. Also verwandelte er sich wieder in eine Mücke und stach sie in die Wange. Freyja stöhnte leise auf, doch dann rollte sie sich auf die Seite. Da der Verschluss offen lag, gelang es Loki, Brisingamen zu stehlen. Die Kette fest in der Hand, schloss der Gott die Tür auf und ging langsam aus dem Saal.

Am nächsten Morgen wachte Freyja mit dem Gefühl auf, dass ihr Hals etwas mehr entblößt war als sonst. Als sie bemerkte, dass die Tür einen Spalt offenstand, berührte sie schnell ihren Hals, um die Halskette zu spüren. Als sie feststellte, dass sie weg war, stand die Göttin sofort auf und stürmte aus der Halle. Sie wusste, dass es Loki war, der ihre kostbare Halskette gestohlen hatte, denn es gab keinen anderen Dieb, der so flink war wie er. Sie wusste auch, dass er es nicht getan hätte, wenn es nicht im Auftrag des Allvaters geschehen wäre.

„Du hast das getan!" Sie stürmte in Odins Halle. „Gib mir meine Halskette zurück, wenn du den Frieden in Asgard bewahren willst!"

Der Allvater, der auf seinem Thron saß und zwei Krähen auf seinen Schultern sitzen hatte, drehte sich zu der Göttin um, sein eines Auge war mit Feuer gefüllt. „Du, Freyja, hast Schande über dich und die anderen Götter gebracht! Du hast deinen Körper willig an die dreckigen Zwerge verkauft, nur damit du deine Gier befriedigen kannst."

Die Göttin stapfte näher an den Allvater heran. „Du bist derjenige, der über Schande spricht, Odin. Und jetzt sag mir, wo ist meine Halskette?"

Die beiden Götter könnten sich den ganzen Tag und die ganze Nacht lang an die Gurgel gehen, aber Odin hatte einen Plan. „Du kannst deine kostbare Halskette unter einer Bedingung zurückbekommen." Freyja, immer noch wütend, hörte sich die Worte des einäugigen Gottes an. „Ich möchte, dass du eine Katastrophe zwischen zwei Königen in Midgard auslöst. Lass sie sich bis in alle Ewigkeit bekämpfen. Tu das, und die Kette gehört wieder dir." Freyja warf dem Oberhaupt der Götter einen strengen Blick zu, bevor sie schließlich auf seine Bedingung einging.

Und so schürte die Vanir-Göttin den Hass zwischen den beiden Königen von Midgard, Heidin und Hogni. Die beiden trafen sich dann in der Mitte des Schlachtfeldes und ließen ihre Schwerter aufeinanderprallen, bis beide in einer Blutlache lagen. Durch Freyjas mächtigen Zauber wurden die beiden Könige jedoch am nächsten Tag wieder zum Leben erweckt.

Während die Könige jeden Morgen ihre Schwerter in die Hand nahmen und ihren nicht enden wollenden Kampf fortsetzten, erhielt Freyja ihre kostbare Halskette zurück.

Da man annahm, dass Freyja fast auf gleicher Höhe mit Odin stand, legen einige Quellen nahe, dass die Göttin in Wirklichkeit dieselbe Person war wie die Frau des Allvaters, Frigg. Es hieß, dass die beiden Göttinnen ursprünglich eine einzige Einheit waren, bis sie sich irgendwann in zwei getrennte Wesen verwandelten. Frigg war bei den Germanen weithin bekannt, so dass es plausibel sein könnte, dass die Skandinavier sie als Freyja neu erfanden, bevor sie auch Frigg übernahmen, was erklärt, warum Freyja in den alten Gedichten häufiger vorkommt als Frigg.

Diese Behauptung wurde auch aufgrund der zahlreichen Ähnlichkeiten zwischen den beiden Göttinnen aufgestellt. Wie Freyja war auch Frigg eine Völva, und sie hatte die Fähigkeit, Seidr zu vollziehen und die Zukunft vorauszusehen. Die beiden Göttinnen besaßen auch ein Federkleid, mit dem sie sich in Falken verwandeln konnten. Sie wurden sogar mit derselben Sache in Verbindung gebracht, der Fruchtbarkeit, obwohl Frigg eher mit der

Erde, der Ernte, der Ehe und der Familie in Verbindung gebracht wurde, während Freyja eher mit Sexualität, Lust und Liebe in Verbindung gebracht wurde. Es gibt sogar Theorien, dass ihre Ehemänner ein und dieselbe Person sind. Freyja war mit Odr verheiratet, während Frigg mit Odin verheiratet war. Beide waren dafür bekannt, dass sie lange Reisen durch die Reiche unternahmen und dabei ihre Frauen zurückließen.

Unter Gelehrten und Historikern ist diese Frage jedoch umstritten, da es verschiedene Quellen gibt, die darauf hindeuten, dass Freyja und Frigg zwei verschiedene Gottheiten sind. In *Lokasenna* wurde Loki beispielsweise von Freyja gewarnt, nachdem der Schwindler Frigg wegen ihrer Untreue verleumdet hatte. „Hüte dich vor deiner eigenen Zunge, Loki! Frigg kennt die Schicksale aller Wesen", sagte die Vanir-Göttin. Dies zeigte, dass es sich tatsächlich um zwei verschiedene Wesen handelte, da sie beide bei dem Fest anwesend waren.

Man glaubte auch, dass Frigg die Tochter von Fjörgynn war, einer anderen obskuren Gottheit der Vergangenheit, und nicht von Njörd, dem Vater von Freyja. Die Königin von Asgard hatte sogar ihr eigenes Reich. Sie nannte das Sumpfland Fensalir ihre Heimat, und dort wurde Frigg von vier anderen Göttinnen und Dienern begleitet: Lofn, der Göttin der verbotenen Liebe, Hlin, er Göttin des Schutzes, Fulla, ihrer Magd, die auch die Göttin der Geheimnisse war, und Gná, ihrem Boten.

Als Königin der Ásynjur, der Göttinnen Asgards, und als Einzige, die auf dem Hliðskjálf sitzen durfte, war es nicht ungewöhnlich, dass sie alle überlistete, sogar den Allvater selbst. Eines Tages beschlossen die beiden, sich auf eine Wette einzulassen. Als Odin von seinem hohen Sitz aus das Reich der Menschen überwachte, erfuhr er von einer bevorstehenden Schlacht zwischen zwei germanischen Stämmen, den Vandalen und den Winnilern. Odin wandte sich an seine Frau und erklärte, dass er den Vandalen den Vorzug gebe und ihnen den Sieg im Krieg gönnen wolle, obgleich Frigg anderer Meinung war.

Eine Illustration von Frigg und Odin, die auf ihrem Thron sitzen, von Lorenz Frølich, 1895.
https://commons.wikimedia.org/w/index.php?curid=5734101

Die Göttin trug ihrem Mann ihre Argumente vor, aber die Diskussion wurde schnell zu einem heftigen Streit. Odin, des Streits überdrüssig, hatte eine Lösung parat. „Lasst uns den Streit beilegen und schlafen. Der erste Stamm, der morgen früh in meinem Blickfeld erscheint, wird den Krieg gewinnen", sagte der Allvater, der wusste, dass nur die Vandalen von seiner Seite des Fensters an ihrem Bett aus zu sehen sein würden.

Natürlich wusste Frigg von der schmutzigen List ihres Mannes, und sie wollte ihn die Wette nicht so einfach gewinnen lassen. Als Odin schlief, wies sie die Frauen der Winniler an, ihre langen Haare so über das Gesicht zu legen, dass sie wie Bärte aussahen. Dann drehte die Göttin ihr Bett vorsichtig auf die andere Seite, damit ihr Mann die Winniler zuerst durch sein Fenster sehen konnte.

Als Odin am nächsten Morgen erwachte, war er verwirrt, weil er durch das Fenster statt der Vandalen eine Armee langbärtiger Männer sah. So blieb ihm nichts anderes übrig, als seinen Schwur gegenüber seiner Frau zu erfüllen. Der Allvater schenkte den Winnilern den Sieg, wie Frigg es geplant hatte.

Obwohl Frigg es immer schaffte, das Blatt zu ihren Gunsten zu wenden, gelang ihr dies nicht, wenn es um ihren Sohn Baldur ging. Die Göttin war sich der Prophezeiung wohl bewusst und wusste, dass niemand seinem Schicksal entgehen konnte und Baldurs Tod eintreten würde. Aber als Mutter ging sie bis zum Äußersten, um ihren Sohn wenigstens ein wenig zu schützen. Selbst nach dem Tod des strahlenden Gottes versuchte sie unaufhörlich, ihn in das Land der Lebenden zurückzuholen, was schließlich dank einer von Lokis Intrigen misslang.

Kapitel 9 - Hel und Sif

Das Reich der Toten war so trostlos wie das bloße Nichts. Manche sagten sogar, Helheim sei kein Ort der Qualen, aber es war auch kein Palast mit goldenen Hallen, Gemächern und Festen. Doch genau wie die anderen Reiche der nordischen Welt hatte auch Helheim seine eigene Herrscherin, die unter dem Namen Hel bekannt war.

Hel von Johannes Gehrts, 1889.
https://commons.wikimedia.org/w/index.php?curid=4624357

Hel war die Tochter von Loki, dem Gott des Chaos, der List und des Unheils, und seiner riesigen Geliebten Angrboda. Obwohl ihr Vater ein Gott war, der einst innerhalb der befestigten Mauern von Asgard lebte, wurde Hel nicht als Göttin angesehen. Stattdessen wurde sie als Jötunn bezeichnet. Aber sie ähnelte ihrer Mutter nicht, da sie mit einer blauen und verwesenden Körperhälfte geboren wurde, fast wie ein Leichnam.

Wie ihre beiden anderen monströsen Geschwister, Jörmungandr und Fenrir, zu denen sie möglicherweise keine enge Beziehung hatte, wurde Hel von den Asen aus ihrer Heimat in Jötunheim entführt. Während Jörmungandr ins Meer geworfen und Fenrir nach Asgard gebracht und bald gefesselt wurde, als er zu groß wurde, hatte Hel ein etwas besseres Schicksal. Der Allvater warf sie in die Tiefen von Helheim, wo sie die volle Macht über die Toten erhielt.

In ihrem Reich besaß Hel angeblich eine große Anzahl von Villen, die alle von hohen Mauern und massiven Toren umgeben waren, so dass keines der lebenden Wesen Zutritt hatte. Jedes Mal, wenn ein Neuankömmling in das dunkle Reich kam, sei es ein Toter oder ein Gott, wurde er von Hels wildem Haustier namens Garm begrüßt, demselben Höllenhund, dem Tyr während der Götterdämmerung gegenüberstand.

Auch wenn ihr Reich als ein weiterer Ort beschrieben wurde, an dem man nach dem Tod verweilen würde, bedeutet das nicht, dass diejenigen, die sich eines Verbrechens schuldig gemacht haben, frei umherwandern konnten, ohne für ihre Fehler zu bezahlen. Die Königin von Helheim warf diese Menschen in eine andere Halle tief unter der Erde, die Nastrond genannt wurde, was einfach Leichenufer bedeutet. In dieser unangenehmen Halle mussten diejenigen, die sich des Mordes, des Ehebruchs oder des Eidbruchs schuldig gemacht hatten, durch einen Strom aus Gift waten und sich der drachenähnlichen Kreatur namens Nidhöggr (Nidhogg) stellen, die ihnen jeden Tropfen Blut aussaugte, während ein Wolf ihren Körper zerriss.

Aber nicht alle Hallen in Helheim waren mit langen Strömen von Gift und schlängelnden Schlangen gefüllt. Eljudnir zum Beispiel war eine große Halle, in der die Königin residierte. In ihrer Behausung befanden sich alle Arten von Möbeln, die in einem normalen Haushalt zu finden waren, nur dass sie einen Namen hatten und allesamt Unglück symbolisierten. Hels Esstisch wurde Hunger genannt, während ihre Messer Hungersnot hießen. Ihr Bett hieß Krankenbett, und es gab auch einen langen Vorhang namens Unglück.

Als Herrscherin über die Toten, die mit niemandem befreundet war, galt Hel als hart, unbarmherzig und grimmig. Sie zeigte jedoch keine dieser Eigenschaften, als sie die Nachricht von Baldurs Tod erfuhr. Stattdessen bereitete die Riesin für den strahlenden Gott und seine Frau Nanna einen üppigen Saal vor. Sie hieß die beiden als Ehrengäste in ihrem Reich willkommen und servierte ihnen ein üppiges Festmahl mit frischen, warmen Speisen. Das Gleiche geschah, als Hermod ihr verzweifelt einen Besuch abstattete.

Hermod vor Hel von John Charles Dollman, 1909.
https://commons.wikimedia.org/w/index.php?curid=4780795

Hermod, der auf dem Ross seines Vaters, Sleipnir, geritten war, wurde von Modgud, einer Dienerin von Hel, am Ende der Brücke aufgehalten, als sie entdeckte, dass er ein lebendes Wesen war. Nachdem ihm der Durchgang verwehrt wurde, musste Hermod über die hohen Mauern springen, wo er später in der großen Halle von Hel landete. Als Hel dem lebenden Gott begegnete, hörte sie sich seine Bitte an: Er hatte die Königin gebeten, seinen Bruder Baldur in das Land der Lebenden zurückkehren zu lassen. Die Königin hätte die Bitte sofort ablehnen können, aber vielleicht gab es in ihrem kalten Herzen doch Mitleid, denn sie stimmte dem unter einer Bedingung zu. Hel würde den Sohn Odins nur dann gehen lassen, wenn alle Kreaturen in allen neun Reichen seinen Tod beweinten, eine Bedingung, die dank Lokis List nicht erfüllt wurde.

Da Baldur im Reich der Toten gefangen war, wurde Ragnarök in Gang gesetzt. Obwohl Hel nicht auf dem Schlachtfeld anwesend war, um gegen die Asen zu kämpfen, bereitete sie eine Armee aus den unehrenhaften Toten vor, um an der Seite ihres Vaters Loki zu kämpfen. Diese Armee Untoter würde bald an Bord der Naglfar gehen, einem Schiff, das vollständig aus den Fingernägeln der Toten gebaut war. Gesteuert und geführt vom rachsüchtigen Gott des Unheils, schwamm das Schiff durch die Wellen der von Jörmungandr verursachten Flut, bis sie schließlich auf Vigrid (Vígríðr), dem Schlachtfeld des letzten Krieges, landeten. Hier kämpften Lokis Heer mit dem Schwert gegen die Einherjar, Odins tapfere Helden aus Walhalla, und Freyjas auserwählte Krieger aus Folkwang.

Den Gegenpol zu Hel bildete die Göttin Sif. Im Gegensatz zu ihrer Darstellung in den Filmen, in denen Sif als wilde Kriegergöttin dargestellt wird, die in einer Rüstung und mit einem Schwert in der Hand in die Schlacht zieht, war die Göttin nicht für ihre Stärke und rohen Eigenschaften bekannt. Nach den alten Gedichten wurde Sif mit der Erde, dem Ackerbau und der Schönheit in Verbindung gebracht.

Die Göttin war mit keinem Geringeren als dem Donnergott selbst verheiratet und soll zwei Kinder gehabt haben. Mit Thor brachte sie eine Tochter namens Thrud zur Welt und mit einem unbekannten Mann zeugte sie einen Sohn namens Ullr, der der

Gott des Bogenschießens war. Zusammen mit Thor wohnte Sif mit ihren Kindern in Bilskírnir, einer gewaltigen Halle in Thrudheim (Þrúðheimr), einem der vielen Reiche Asgards.

Obwohl sie mit dem stärksten und prominentesten Asen verheiratet war, wird sie nur in wenigen Schriften ausführlich beschrieben, was Gelehrte und Historiker dazu veranlasst, verschiedene Theorien über ihr Leben aufzustellen. Einige behaupten, dass Sif in der Vergangenheit tatsächlich eine bedeutende Göttin war und dass die Nordmänner sie oft mit der Erde und der Fruchtbarkeit in Verbindung brachten, zumal ihr Ehemann den Himmel und den Regen symbolisierte, zwei Dinge, die die Fruchtbarkeit und die Landwirtschaft fördern. Im Laufe der Zeit wurde sie jedoch von Freyja und Frigg, den bekannteren Fruchtbarkeitsgöttinnen, in den Schatten gestellt. Es gibt jedoch auch Stimmen, die dieser Behauptung widersprechen, insbesondere der Religionswissenschaftler Rudolf Simek, da es seiner Meinung nach keine genauen Geschichten oder Erzählungen gibt, die Sif eindeutig als Göttin der Fruchtbarkeit und der Erde darstellen.

Sicher ist jedoch, dass Sif in der Tat als die schönste Gottheit Asgards galt. Selbst der Riese Hrungnir erkannte ihre Schönheit an, als er betrunken die Asen bedrohte. „Ich werde jeden von euch töten, außer Freyja und Sif, die Schönsten von allen", sagte der betrunkene Riese, nachdem er ein Pferderennen gegen Odin verloren hatte. „Die beiden Göttinnen nehme ich mit in meine Behausung in Jötunheim." Der stolze und prahlerische Riese kam jedoch nicht dazu, seinen Wunsch zu verwirklichen, denn Thor kam gerade noch rechtzeitig. Daraufhin forderte Hrungnir Thor zu einem Zweikampf heraus. Der Riese starb und sein Schädel wurde in Millionen Stücke zertrümmert.

Während Sif in dieser Geschichte nur ein einziges Mal erwähnt wird, kommt die schöne Gottheit in einer anderen Geschichte aus den alten Schriften von Snorri namens *Skáldskaparmál* stärker zur Geltung.

Sif, die von Snorri als die schönste aller Frauen beschrieben wird, wurde tatsächlich vom Donnergott geliebt. Das bekannteste Merkmal der Göttin war ihr dichtes, goldenes Haar. Manche sagen, dass dieses wundersame goldene Haar ein reiches Weizenfeld oder goldenes Korn symbolisiert. So hart und wild der Donnergott auch sein mochte, Sif wurde als sein Schwachpunkt bezeichnet. Der mächtige Gott prahlte sogar mit dem schönen Haar seiner Frau, wenn er mit seinen Götterkollegen Bier trank. Er ahnte jedoch nicht, dass seine Frau das nächste Opfer des Betrügers Loki werden sollte.

Sif von John Charles Dollman, 1909.
https://commons.wikimedia.org/w/index.php?curid=4782702

Sif verbrachte Stunden damit, ihr Haar zu pflegen, zumal sie wusste, dass ihr Mann ihre Locken liebte. Morgens stand die Göttin auf und bürstete ihr Haar mit einem juwelenbesetzten Kamm, und am Nachmittag ging sie zu den schimmernden Bächen in der Nähe ihrer Halle und wusch ihr kostbares Haar. Sie verbrachte Stunden damit, ihr Haar am Fluss zu pflegen, und später legte sie ihr dickes, langes Haar auf einen Felsen und wartete darauf, dass die sengende Sonne es trocknete. Das war Sifs tägliche Routine, aber das sollte sich ändern, als Loki plötzlich mit einem weiteren seiner Streiche aufwartete.

An einem schönen Nachmittag saß Sif auf dem weichen Moos am Flussufer und trocknete ihr Haar in der Sonne. Es geschah nichts Ungewöhnliches, außer dass die Göttin sich äußerst schläfrig fühlte. Das war das Werk von Loki, der ihr heimlich zum Fluss gefolgt war und sie mit einem Zauberspruch belegt hatte. Der Betrüger wartete hinter den Büschen, bis Sif schließlich nachgab und an einem Felsen einschlief. Als die Göttin fest schlief, näherte er sich ihr mit einer sauber glänzenden Schere in der Hand.

Loki wusste, dass Sifs goldenes Haar ihr wertvollster Besitz war und wie sehr Thor es verehrte. Mit einem verschmitzten Grinsen griff der Betrüger nach einer Handvoll von Sifs seidig glattem, goldenem Haar und schnitt es mit seiner glänzenden Schere ab. Die Göttin, die unter einem mächtigen Bann stand, rührte sich nicht einmal und schlief noch immer tief und fest, während Loki ihr Haar Strähne für Strähne abschnitt, bis nichts mehr übrig war. Am Ende dieses schändlichen Streiches wurde Sif mit kahlgeschorenem Kopf am Fluss zurückgelassen.

Während dieses unglücklichen Vorfalls war Thor nicht in Asgard, denn der Donnergott befand sich auf einer seiner regelmäßigen Reisen durch die Reiche. Doch als er an diesem Tag zurückkehrte, war er verwundert, dass Sif ihn nicht wie üblich an der Tür empfing. Er rief viele Male nach ihr, aber nur seine Stimme erfüllte den Saal. Nicht einmal die leiseste Stimme seiner goldhaarigen Frau war als Antwort auf seine Rufe zu hören. Und so ging Thor hin und klopfte an jede Tür in Asgard und fragte die anderen Götter und Göttinnen, wo seine Frau geblieben sein könnte. Keiner von ihnen hatte eine Antwort, was den Donnergott enttäuscht und besorgt zurückließ.

Als Thor wieder in seinem Haus ankam, hörte er eine leise Stimme, die ihn aus der Ferne rief. Er erkannte die Stimme sofort, und so näherte er sich langsam der dunklen Ecke. Dort stand Sif, die ihr kahles Haupt mit einem Schleier verbarg. „Sieh weg, Thor!", schluchzte sie, als ihr Mann sich ihr näherte. „Ich will nicht, dass du mich so siehst. Ich schäme mich, deshalb werde ich unsere Halle verlassen und unter den Zwergen in Svartalfheim leben."

„Meine liebe Sif", antwortete Thor. „Was ist mit dir geschehen, dass du denkst, du gehörst nicht nach Asgard?" Die Göttin offenbarte dem Donnergott, dass sie ihr goldenes Haar, das Thor so sehr geliebt hatte, verloren hatte. Sif war überzeugt, dass mit dem Verlust ihrer Haare auch Thors Zuneigung zu ihr erlöschen würde. Erneut sagte sie ihrem Mann, dass sie Asgard in aller Eile verlassen und nie mehr zurückkehren würde.

Als Thor sah, dass seine Frau sich schämte und traurig war, weil sie ihr Haar verloren hatte, geriet er in Wut. „Ich bin der Stärkste von allen, die in Asgard leben, und mit all meiner Kraft werde ich denjenigen jagen, der dir das angetan hat, und dir deine Anmut zurückgeben!", rief der mächtige Gott, bevor er seine Frau an der Hand nahm. Gemeinsam machten sie sich auf den Weg zum Ratsgebäude, wo einige der Götter und Göttinnen auf ihren Thronen saßen, lachten und Met tranken.

Als Thor mit Sif an seiner Seite eintrat, wurde das Lachen durch völlige Stille ersetzt. Der Zorn, der in den Augen des Donnergottes aufblitzte, und Sif, die mit einem Schleier auf dem Kopf erschien, sagte den Göttern bereits, dass etwas Schreckliches geschehen war. Als Thor erklärte, was seiner Frau zugestoßen war, zuckten die Götter zusammen, aber einer von ihnen bestand darauf, dass es sich um einen Streich von Loki handelte. „Niemand sonst in Asgard würde es wagen, eine solche Schandtat zu begehen, außer dem Sohn von Laufey."

Thor brüllte voller Zorn, dass er Loki finden und jagen würde, selbst wenn er weglaufen und sich in den kalten Tiefen von Helheim verstecken würde. „Ich werde ihn mit meinen bloßen Händen töten für das, was er getan hat!", schrie der Donnergott. Doch der Allvater hielt ihn auf. Odin hatte den Asen verboten, sich in Asgard gegenseitig zu erschlagen und wollte Loki stattdessen in die Halle rufen, wo er ihn für seinen unrühmlichen Streich büßen lassen wollte.

Als Loki ankam, bemerkte er schnell die feurige Wut in Thors Augen und den strengen Blick seines Blutsbruders Odin. Er wusste auf der Stelle, dass er sich schnell etwas einfallen lassen musste, wenn er noch einen Tag leben wollte.

„Du musst Sifs Anmut zurückbringen, Loki", befahl der Allvater. „Koste es, was es wolle."

Eilig verließ der Schwindler Asgard und bahnte sich seinen Weg durch dunkle Gänge unter der Erde, bis er schließlich das Reich der Zwerge, Svartalfheim, erreichte. Hier war Loki umgeben vom

Lärm der Hämmer, die auf die Ambosse schlugen, vom Zischen des heißen Metalls, das in kaltes Wasser fiel, und von den Schmieden, die dicken, dunklen Ruß ausstießen. Der Schwindler schaute sich um und war erstaunt über einige der Gegenstände, die dort geschmiedet wurden. Einer davon war ein wohlgeformter Speer namens Gungnir, der später Odin geschenkt wurde. Ein anderer war *Skidbladnir*, ein magisches Boot, das auf jeder Art von Ozean segeln konnte und sich wie ein Stück Stoff zusammenfalten ließ, bis es in die eigene Tasche passte. Dieses Schiff wurde später Freyr, dem Gott des Friedens, geschenkt.

Natürlich hatte der Schwindler seine eigenen Methoden, wenn es darum ging, andere zu überreden, seine Wünsche zu erfüllen. So redete er sich bei den Zwergen um Kopf und Kragen, lobte ihr Können und bewunderte ihre Arbeit. Die Zwerge freuten sich über seine Anwesenheit, denn ausnahmsweise wurden sie nicht beleidigt und bedroht. Da er wusste, dass er sich bei ihnen beliebt gemacht hatte, fragte Loki die Meisterschmiede, die Söhne von Ivaldi, ob sie geschickt genug seien, einen Goldbarren in feine Fäden zu verwandeln. „Wenn ihr sie zu Fäden schmieden könntet, die noch feiner sind als die von Sifs Haar, wären die Götter sehr neidisch auf euch."

Bereit, die Herausforderung anzunehmen, nahmen die Zwerge sofort einen Goldbarren und warfen ihn in das Feuer. Als er heiß genug war, packten sie ihn mit einer eisernen Zange und schlugen ihn mit ihren Hämmern auf den Amboss, bis sich goldene Fäden zu formen begannen. Die Schmiedemeister fühlten sich durch Lokis ständige Komplimente geschmeichelt, und als der Gott vorschlug, dass sie von den Menschen in Asgard alles verlangen könnten, arbeiteten sie tagelang mit großer Mühe und Geschick an den Goldfäden.

Ein paar Tage vergingen, und der Goldbarren hatte sich vollständig in einen Kopfschmuck verwandelt, dessen Fäden so fein waren wie Sifs goldenes Haar. Jede einzelne Strähne glänzte und war sogar glatter als Seide. Loki nahm die goldenen Fäden und legte sie in seine Handfläche. Sie waren lang und flossen in weichen Bewegungen zu Boden. Obwohl die Kopfbedeckung aus einem Goldbarren gefertigt war, spürte niemand ihr Gewicht, und die Feder eines Vogels war schwerer als die Fäden.

Nachdem sein Plan geglückt war, dankte Loki den Zwergen für ihre harte Arbeit, wobei er nicht ging, ohne ihnen falsche Versprechungen zu machen. Der Gott des Unheils machte sich dann auf den Weg zurück in die Stadt der Götter und begab sich direkt in das Ratsgebäude, wo die Asen auf seine Rückkehr warteten.

Die Gesichter von Thor und Odin sahen noch genauso aus wie damals, als Loki gegangen war, aber er hatte keine Angst mehr. Er lächelte und hielt die goldenen Fäden vor sich. „Du kannst den Schleier jetzt abnehmen, Sif, denn ich bin hier, um meinen Fehler wiedergutzumachen", sagte er stolz. Nachdem die traurige Göttin ihren Schleier abgenommen hatte, setzte der Betrüger ihr vorsichtig die goldene Kopfbedeckung auf den Kopf. Die goldenen Strähnen fielen wunderschön über ihre Schultern und flossen sanft hinter ihren Rücken. Dank der magischen Kraft, die ihnen innewohnte, wuchsen die goldenen Strähnen von Zeit zu Zeit länger, als wären es echte Haare, die aus Sifs Kopf wuchsen. Alle anwesenden Götter waren erstaunt, wie wundervoll die goldenen Fäden waren, und Sif war überglücklich. Der Kummer verfolgte sie nicht mehr, und ihre Wangen erröteten, als sie ihr neues Haar hielt. Die Göttin war in der Tat die Schönste von allen.

Kapitel 10 - Walhalla und die Walküren

„Gladsheim heißt die fünfte, | wo golden schimmert

Walhalls weite Halle:

Da kiest sich Odhin | alle Tage

Vom Schwert erschlagne Männer. "

(Grímnismál, Strophe 8, übersetzt von Karl Simrock)

Es hieß, dass, sobald die drei Schicksalsfrauen, die Nornen, die Fäden gesponnen und den Wandteppich des Schicksals gewebt hatten, keine einzige Seele mehr ihrem Schicksal entkommen konnte, nicht einmal die Riesen aus den kalten, nebligen Bergen von Jötunheim oder die mächtigsten Götter in Asgard. Als Odin also erfuhr, dass Ragnarök bald über sie hereinbrechen würde, wusste der Allvater, dass er sich auf die Schlacht vorbereiten musste.

Die Götter allein reichten nicht aus, um die Tausende von Riesen abzuwehren, die auf ihr Reich zustürmten, also musste Odin aus den tapferen Sterblichen, die auf dem Schlachtfeld gefallen waren, seine eigene Armee aufstellen. Diese treuen Krieger Odins wurden Einherjar genannt, und sie waren es, die an der Seite der Kriegergötter gegen die Mächte des Chaos unter der Führung von Loki kämpfen sollten.

Um die erschlagenen Krieger zu beherbergen, baute Odin eine große Halle. Diese Halle war in der altnordischen Sprache als Valhǫll bekannt, aber die meisten von uns kennen sie als Walhalla, was auch als Halle der Erschlagenen übersetzt wird. Im *Grímnismál* beschrieb Odin in seiner Verkleidung als Grímnir Walhalla in allen Einzelheiten. Die prächtige Halle befand sich im Reich Gladsheim, mitten in der ewigen Ebene, die als Idafeld bekannt war. Man konnte diese riesige Halle leicht erkennen, da sie eine der prächtigsten des Reiches war, mit ihren Dachsparren, die vollständig aus glänzenden Speeren bestanden, und einem Dach, das vollständig aus polierten Schilden gebaut worden war. Über der prächtigen Halle selbst konnte man einen Adler schweben sehen. Einige Quellen behaupten, dass der Adler ein Symbol der Schlacht war und dass, wenn er zu schweben begann, dies ein klares Zeichen dafür war, dass eine Schlacht bevorstand. In diesem Fall war es die Schlacht Ragnarök.

Walhalla von Emil Doepler, 1905.
https://commons.wikimedia.org/w/index.php?curid=5417783

Im Inneren der Halle von Walhalla gab es 540 verschiedene Türen. Jeden Tag traten achthundert Gefolgsleute aus jeder von ihnen heraus, um dann lange, zermürbende Trainingsstunden zu absolvieren. Diese Elitekrieger kämpften gegeneinander und rüsteten sich mit Kettenhemden, Schwertern und Speeren aus. Während des Trainings wurde Blut vergossen, und ihre Lebenskraft schwand, doch am Abend waren alle Wunden verheilt und ihre Gesundheit wiederhergestellt. Dies war auch der Zeitpunkt, an dem die Krieger ihre Waffen niederlegen und sich mit einem üppigen Festmahl belohnen würden.

Alle Krieger wurden mit endlosen Fleischvorräten versorgt, die von einem Wildschwein namens Sæhrímnir stammten. Ähnlich wie Thors magische Ziegen erwachte dieses besondere Wildschwein wieder zum Leben, sobald es geschlachtet wurde. Um das Essen herunterzuspülen, tranken die Krieger aus vollen Hörnern Met, der von der Ziege Heidrun hergestellt wurde. Diese mythische Ziege stand auf dem Gipfel von Walhalla und verzehrte die rot-goldenen Blätter eines Baumes namens Lärad. Aber Heidrun war nicht das einzige Tier, das auf dem Dach der riesigen Halle wohnte, denn auf dem Dach stand auch ein großer Hirsch namens Eikthyrnir. Während das Tier das Laub von Lärad fraß, tropfte aus seinem Geweih Wasser in die Welt darunter und erzeugte Flüsse und Bäche.

Für die Wikinger war es das höchste Ziel, nach Walhalla zu gelangen. Allerdings war nicht allen Kriegern, die auf dem Schlachtfeld starben, der Eintritt in Odins prächtige Halle garantiert, denn die Hälfte von ihnen wurde nach Folkwang geschickt, einer anderen großen Halle für gefallene Wikinger. Diese Halle wurde von der Göttin Freyja beherrscht. Man glaubte, dass Freyja selbst diejenigen auswählte, die sie für würdig hielt, in ihre Halle zu kommen, während Odin sein Vertrauen in die Walküren oder die Auserwählten der Erschlagenen setzte.

Manche glaubten, die Walküren seien Dämonen des Todes, die auf dem blutigen Schlachtfeld umherstreiften und sich an den Körpern der gefallenen Helden labten, bevor sie ihre Seelen in die Unterwelt trugen. Einige behaupteten sogar, die Walküren seien böse Kreaturen, da sie bösartige Zaubersprüche und Magie einsetzten, um die Krieger zu töten, die ihnen nicht gefielen. Genau wie den Nornen wurde auch den Walküren die Fähigkeit zugeschrieben, über das Schicksal von Kriegern zu entscheiden.

Während einige die Walküren für bedrohliche Todesdämonen hielten, deuten andere Quellen auch darauf hin, dass sie mächtige und ehrenhafte Kriegerinnen waren, die Odin dienten. Ihre Herkunft ist jedoch bis heute ungewiss und einige Gelehrte glauben, dass sie übernatürliche Kriegerinnen waren, deren Abstammung unbekannt ist. Andere behaupten, dass die Walküren einst Menschen und Töchter von Königen, Königinnen und legendären Kriegern waren.

„Walküren" von Emil Doepler, ca. 1905.
https://commons.wikimedia.org/w/index.php?curid=5441746

Diese kriegerischen Jungfrauen wurden oft als schöne Frauen mit goldenem oder schwarzem Haar dargestellt. Wenn sie nicht am Himmel über einem Schlachtfeld schwebten, hielten sich die Walküren in der Halle von Walhalla auf und trugen elegante Kleider. Die meiste Zeit wurden diese Kriegerinnen jedoch auf starken Pferden reitend und mit Helm und Kettenhemd, einem Schild in der einen und einem Speer in der anderen Hand dargestellt, obwohl sie angeblich auch auf Wölfen und Wildschweinen ritten.

Neben der Aufgabe, den Gefolgsleuten Met einzuschenken und manchmal den Menschen in Midgard zu helfen, hatten die Walküren eine wichtige Aufgabe: Sie wählten die würdigsten unter den erschlagenen Helden aus und führten sie in Odins prächtige Halle. Der Allvater, der von seinem hohen Sitz aus jede einzelne Schlacht in Midgard überwachte, bestimmte, welche Seite des Krieges er bevorzugte. Und so bestiegen die Walküren auf Odins Befehl hin ihre Rösser und machten sich auf den Weg ins Land der Menschen.

Auf dem Schlachtfeld angekommen, hatten die Walküren die Aufgabe, zu entscheiden, welche Seite des Krieges siegreich hervorgehen würde. Manche sagten, dass die Walküren in den Wolken über dem Schlachtfeld verweilten und ihre Augen weit offen hielten. Sobald sie spürten, dass die von ihnen bevorzugten Krieger dem Tod nahe waren, stürzten die Kriegerjungfrauen herab und bewahrten sie vor ihrem Schicksal. Nach dem Ende der Schlacht wurden die Leichen der handverlesenen Krieger, die auf dem Schlachtfeld umgekommen waren, von den Walküren nach Walhalla gebracht, wo sie zu Einherjar wurden.

Obwohl den Walküren die volle Macht gegeben wurde, den Ausgang der Schlachten in Midgard zu bestimmen, hatten sie dies nach Odins Präferenz zu tun. Da sie dem Allvater gegenüber als loyal beschrieben wurden, wagte es keine von ihnen, sich seinem Befehl zu widersetzen, mit Ausnahme von Brünhild (oder Brunhilde), einer der mächtigsten Walküren. Sie wurde damit bestraft, das Leben einer Sterblichen zu führen. Sie war nicht nur zur Ehe verdammt, sondern ihre Liebesgeschichte war auch eine der tragischsten der nordischen Mythologie.

Brünhild war der Legende nach die Tochter eines legendären nordischen Königs namens Bulthi. Noch bevor sie vom Allvater auserwählt wurde, die Aufgaben einer Walküre zu übernehmen, wurde Brünhild als eine wundersame Frau beschrieben, die keine Angst kannte.

Eines Tages sah Odin, dass in Midgard eine Schlacht stattfand. Der Krieg fand zwischen zwei mächtigen Königen namens Hjalmgunnar und Agnar statt. Auf seinem hohen Stuhl sitzend erklärte der Allvater, dass er Hjalmgunnar, den älteren König, dem jungen Agnar vorzog. So befahl er Brünhild, auf das Schlachtfeld zu reisen und über den Ausgang des tobenden Krieges zu entscheiden.

Ohne zu zögern bestieg die weise Walküre ihr Pferd und machte sich auf den Weg zum Land der Menschen, wo sie in den Lüften blieb und die Sterblichen beobachtete, die mit Schwertern und Speeren kämpften. Obwohl sie wusste, dass der Allvater den älteren König als Sieger bevorzugt hatte, dachte Brünhild das Gegenteil. Die kühne Walküre beschloss, sich auf die Seite von Agnar zu stellen, und machte ihn zum Sieger.

Als die Walküre nach Asgard zurückkehrte, wurde sie von Odin konfrontiert, der über ihre Entscheidung erzürnt war. „Du bist keine Walküre mehr, und ich werde dich in die Welt der Menschen verstoßen, wo du weiterhin als Sterbliche leben und dazu verdammt sein wirst, eine Ehe einzugehen", sagte der Allvater grimmig, da er Brünhilds Ungehorsam nicht akzeptieren konnte. Er wollte sie aber nicht nur aus Asgard hinauswerfen und nach Midgard verbannen, sondern sie auch in einem abgelegenen Bergfried auf dem Berg Hindarsfjall einsperren. Statt sie hinter Gitter zu sperren, plante Odin, sie in einen verzauberten Schlaf zu versetzen, aus dem sie nur erwachen würde, wenn jemand sie heiraten wollte. Die kühne Walküre erwiderte daraufhin, dass sie sich niemals unterwerfen und einen furchtsamen Mann heiraten würde. „Nun gut", sagte der Allvater, bevor er Brünhild mit Svefnthorn oder dem Schlafdorn in einen tiefen Schlaf versetzte.

Wie Odin es angedroht hatte, wurde Brünhild in einen abgelegenen Bergfried gebracht, der auf der Spitze eines Berges lag. Da die Walküre sich weigerte, irgendjemanden zu heiraten, errichtete der Allvater einen Ring aus Feuer um den Ort, an dem die Walküre schlief, so dass nur die tapfersten unter den Helden sie wecken konnten.

Viele Jahre vergingen, seit Brünhild in den Schlaf versetzt worden war, als sich plötzlich ein Mann auf seinem Pferd dem Bergfried näherte. Einige kannten den Mann nur unter seinem Namen Sigurd, andere kannten ihn als den legendären Drachentöter, der von Odin selbst abstammte. Als der legendäre Held zufällig auf den Bergfried und den lodernden Feuerkreis stieß, zerrte er an den Zügeln seines Pferdes und gelangte völlig unversehrt ins Innere.

Im Inneren des Bergfrieds sah Sigurd sofort Brünhild, die noch immer in ihrem tiefen Schlaf gefangen war. Er nahm der schlafenden Walküre zuerst den Helm ab und war schnell von ihrer wundersamen Schönheit verzaubert. Dann bemerkte er, wie eng ihr Kettenhemdkorsett war, es sah aus, als ob es ihr Fleisch fast durchbohren würde. Vorsichtig lockerte Sigurd die Schnüre, so dass Brünhild endlich tief durchatmen und aus ihrem jahrelangen Schlaf erwachen konnte.

Obwohl sie seit Jahren schlief, brauchte Sigurd sich nicht vorzustellen, denn die Walküre wusste bereits, wer er war. Man sagte ihr nach, dass sie über das Wissen um zukünftige Ereignisse verfügte. Sigurd hingegen wusste nicht, mit wem er es zu tun hatte, also fragte er nach dem Namen der Walküre und nach dem Grund für ihre Gefangenschaft in einem so isolierten Bergfried.

Als Sigurd erfuhr, dass die Frau, die er erweckt hatte, einst Odins kriegerische Jungfrau war, begann er, Brünhild nach ihren weisen Worten und ihrem nützlichen Wissen zu fragen. Die Walküre war mehr als erfreut, den Wunsch des tapferen Helden zu erfüllen, und so lehrte sie ihn fast alles, was sie wusste. Zuerst lehrte Brünhild ihn das Wissen über die Runen, wie zum Beispiel ihren Ursprung und ihre Verwendungszwecke. Dann zeigte sie ihm, wie man verschiedene Wunden und Krankheiten heilte und wie man die tosenden Wellen beruhigte. Brünhild gab ihm sogar weise Worte für seine Reisen mit auf den Weg, die ihm manchen Ärger ersparen könnten. „Schlafe nicht auf offener Straße, denn es gibt viele böse Geister, die in der Wildnis wohnen", sagte die Walküre. „Traue niemals den Nachkommen derer, die du getötet hast", fuhr sie fort, „denn selbst das kleinste Wolfsjunge kann beißen."

Völlig fasziniert von der Walküre und ihrem enormen Wissen, verliebte sich der legendäre Held bald in Brünhild. Bevor er den Bergfried verließ, machte Sigurd ihr einen Heiratsantrag und versprach, bald zurückzukehren und sie zu heiraten. Brünhild, die endlich einen Mann gefunden hatte, der sich vor nichts fürchtete, nahm seinen Antrag an, und gemeinsam schworen sie einen Eid, dass nichts jemals zwischen sie kommen würde. Viele versuchten, den legendären Helden zu warnen, dass Brünhild nicht an einer Heirat interessiert sei. „Schließlich war sie einst eine kriegerische Jungfrau. Es ist unmöglich, dass sie ihren Helm ablegt und sich für das Spiel der Liebe entscheidet." Sigurd war jedoch so eigensinnig, dass er niemals eine andere als Brünhild heiraten würde. Als Sigurd das nächste Mal zur Walküre zurückkehrte, schenkte er ihr einen Ring, der von Odin selbst getragen worden war. Dieser Ring wurde Andvaranaut genannt und war, ohne dass die beiden Liebenden es wussten, verflucht.

Als Sigurd der Walküre ein Versprechen gab, indem er ihr einen Ring schenkte, der auch sein wertvollster Besitz war, wollte

Brünhild dieses Versprechen schützen. Und so umgab sie sich mit einem weiteren Feuerkreis, und dieses Mal durfte nur Sigurd unversehrt passieren.

Sigurds nächste Reise führte ihn in ein Königreich, das von König Gjúki vom Clan der Gjúkung regiert wurde. Als der legendäre Held seine Halle betrat, wurde er von der königlichen Familie herzlich empfangen, insbesondere von Grimhild, Gjukis Frau, die Sigurd mitsamt seinen Schätzen in die Familie aufnehmen wollte. Obwohl Sigurd erwähnte, dass er bereits einen Eid geschworen hatte, eine Walküre zu heiraten, war Grimhild der Meinung, dass es besser wäre, wenn er Gudrun, ihre einzige Tochter, heiraten würde. Und so schmiedete die Königin einen bösen Plan. Sie wollte dem Helden einen Trank in den Met mischen, der ihn seine Liebe zu der Walküre vergessen lassen sollte.

Es genügte ein Schluck von seinem Met, und Sigurd erinnerte sich nicht mehr an sein Versprechen gegenüber Brünhild. Selbst der Gedanke an ihre Tochter Aslaug war ihm entfallen. Nachdem ihr Plan geglückt war, überredete die Königin ihren Mann, dem Helden die Hand ihrer Tochter anzubieten. Sigurd fühlte sich durch dieses Angebot natürlich geehrt und nahm es sofort an. Bald darauf heiratete er Gudrun, und gemeinsam bekamen sie ein Kind namens Sigmund.

Da ihre einzige Tochter mit einem legendären Helden verheiratet war, begann Grimhild, einen weiteren ihrer Pläne zu schmieden. Diesmal plante sie eine Hochzeit für einen ihrer drei Söhne, Gunnar. Die Königin überredete ihren Sohn, Brünhild zu heiraten. „Geh jetzt und halte um ihre Hand an“, sagte Grimhild. „Es gibt keine Person auf der Welt, die so schön ist wie Brünhild.“

Gunnar war in der Tat interessiert, aber eine Sache störte ihn. „Und was ist, wenn sie mich als ihrer unwürdig erachtet? Immerhin war sie eine Walküre“, fragte der Sohn von Gjúki.

„Niemand würde einen Helden wie dich abweisen!“ ermutigte ihn Sigurd, der noch immer in Grimhilds Bann stand.

Gemeinsam ritten Gunnar und Sigurd durch die Wälder und hinauf zum Berg Hindarsfjall, bis sie Brünhilds Bergfried sehen konnten, der von einem Ring aus loderndem Feuer umgeben war. Da die Walküre nur Sigurd erlaubte, durch die Flammen hindurchzugehen, hatte Gunnar große Mühe, auch nur die Tore des Bergfrieds zu erreichen. Als er sich den Flammen näherte, bäumte sich sein Pferd auf und weigerte sich, weiterzureiten. Gunnar versuchte daraufhin, auf Sigurds Pferd Grani zu reiten, aber das Pferd bewegte sich nicht, wenn sein Herr nicht im Sattel saß.

„Lass uns unser Aussehen tauschen", sagte Gunnar. „Wir können unsere Kleidung und uns als der andere verkleiden. Du kannst dein Pferd durch die Flammen reiten und an meiner Stelle um die Hand der Walküre anhalten." Nachdem er sich als Gunnars verkleidet hatte, sprang Sigurd auf sein Pferd und ritt mit Leichtigkeit durch den Feuerring.

In der Haupthalle befand sich Brünhild. Die Walküre saß auf ihrem Hochsitz und schärfte ihre Klinge. Als er den Mann erblickte, der ihre Halle betreten hatte, erhob sie sich schnell. „Du bist wieder da, mein lieber Sigurd!", sagte sie aufgeregt. Sigurd, der die Verkleidung von Gunnar trug, konnte die schimmernden Augen der Walküre sehen, aber er konnte sich immer noch nicht an ihre schöne Zeit erinnern.

„Du bist nicht Sigurd", rief Brünhild wütend, als sie den Mann endlich aus der Nähe sah. Der verkleidete Sigurd stellte sich dann als Gunnar vor und erläuterte seine eigentliche Absicht, die Walküre zu besuchen. Brünhild, die immer noch an dem Versprechen festhielt, das sie dem legendären Helden gegeben hatte, lehnte Gunnars Vorschlag kaltherzig ab.

„Die Flammen", sagte der verkleidete Held. „Hast du sie nicht so eingestellt, dass nur die tapfersten Männer sie passieren können? Und hast du dir nicht geschworen, nur denjenigen zu heiraten, der keine Angst kennt?" Der Walküre fehlten die Worte. Immerhin hatte sie geschworen, denjenigen zu heiraten, der sich als der tapferste aller Helden erwiesen hatte, und so nahm sie den Antrag an.

Sigurd, der immer noch verkleidet war, blieb drei Nächte lang bei der Walküre, aber nachts legte er sein blankes Schwert zwischen die beiden. „Ich habe einen Eid geschworen, dich nicht zu berühren, bis wir verheiratet sind", sagte der Held. In Wahrheit hielt er sich an seine Ehre, denn er war nur um Gunnars willen im Bergfried.

Als die drei Nächte um waren, bereitete sich der verkleidete Held darauf vor zu gehen, aber nicht bevor er den feinen Ring an einem der Finger der Walküre bemerkte. Sigurd mochte Brünhild vergessen haben, aber seinen wertvollsten Schatz, Andvaranaut, konnte er unmöglich vergessen. Vorsichtig zog er den Ring von ihrem Finger und tauschte ihn mit dem Ring aus, den Gunnar ihm zuvor gegeben hatte.

Der Tag der Hochzeit rückte näher, und als die beiden ihr Gelübde ausgetauscht hatten, löste sich Sigurd aus Grimhilds Bann. Der legendäre Held erinnerte sich nun an die Walküre, aber es war zu spät. Sigurd blickte enttäuscht und traurig auf seine geliebte Walküre in den Armen eines anderen Mannes.

Brünhild war mehr als irritiert, Sigurd lebend und mit einer anderen Frau verheiratet zu sehen, und begann, seine Frau zu verspotten. Als sie unten am Fluss waren, stritten sich die beiden Frauen darüber, wessen Mann der tapferste sei. Brünhild prahlte mit ihrem Mann Gunnar, der sich durch die Flammen geschlagen hatte, nur um um ihre Hand anhalten zu können. Gudrun war wütend, als die Walküre begann, Sigurd schlecht zu machen, und sie enthüllte die Wahrheit. „Es war niemals Gunnar, der durch die Flammen gesprungen ist. Es war in Wirklichkeit mein Mann Sigurd, der sich verkleidet hat!“ Als Brünhild Gudrun der Lüge bezichtigte, zeigte diese der Walküre den Ring, Andvaranaut, der ihren Finger zierte. Die Walküre erkannte den Ring sofort, und da sie wusste, dass sie betrogen worden war, schwor Brünhild Rache.

Später belog die Walküre ihren Gatten und behauptete, der Held habe sie im Bett berührt, während Sigurd in Verkleidung war. Sie verlangte daraufhin den Tod des Helden, doch Gunnar weigerte sich, dies zu tun, da Sigurd sein angeheirateter Bruder war. Stattdessen überredete Gunnar seinen jüngeren Bruder Guttorm, der nicht an den Schwur gebunden war, eine Klinge in die Hand zu nehmen und den legendären Helden zu töten. Und so kam es, dass Guttorm, während Sigurd in seinem Zimmer schlief, leise und mit einem Schwert in der Hand hereinkam. Er stieß die Klinge in die Brust des Helden. Bevor er seinen letzten Atemzug tat, gelang es Sigurd, nach seinem eigenen Schwert zu greifen und es dem jungen Guttorm entgegenzuschleudern, was dessen Tod zur Folge hatte.

Brünhild hatte sich die Hände schmutzig gemacht, denn sie hatte Sigurds Sohn Sigmund getötet. Doch obwohl ihre Rache erfüllt war, war die Walküre keineswegs erleichtert. Brünhild enthüllte ihrem Mann, dass Sigurd in der Tat ein ehrenwerter Mann war, da er sie nie berührt hatte, solange sie in ihrer Burg war. Dann erzählte sie ihm von den Schicksalen seiner Sippe, der Gjúkungs, und den anderen wichtigen Ereignissen, die noch bevorstanden. Da die Walküre bereits ihren Lebenswillen verloren hatte, beschloss sie, ihrem eigenen Leben ein Ende zu setzen. Als der Scheiterhaufen von Sigurd entzündet wurde, sprang Brünhild direkt in die Flammen und legte sich neben ihn. Und so ritten die weiseste Walküre und der legendäre Held gemeinsam nach Hel.

Kapitel 11 - Die Festungsanlagen von Asgard

Asgard ist auch als die befestigte Stadt der Götter bekannt. Sie war von hoch errichteten Mauern umgeben, die so stark waren, dass nicht einmal ein großes Erdbeben sie erschüttern konnte. Diese befestigten Mauern waren es, die die mächtigen Götter Asgards in Sicherheit brachten und vor allen unerwünschten Bedrohungen durch Riesen und Trolle schützten. Aber, man mag es glauben oder nicht, diese starken Mauern waren nicht immer da.

Als die Götter der Stämme Asen und Vanir schließlich erkannten, dass ihr langer Krieg nicht so bald enden würde und dass beide Seiten jeden Tag mehr und mehr Zerstörung erlitten, einigten sie sich auf einen Pakt und eine friedliche Koexistenz. Doch die Reiche hatten zuvor schwere Verluste zu beklagen, insbesondere Asgard. Es stellte sich heraus, dass es den Göttern aus Vanaheim während des Krieges gelang, einen mächtigen Angriff auf die Mauern Asgards zu starten und sie in Schutt und Asche zu legen. Dadurch blieb Asgard unverteidigt und konnte von jedem Jötunn angegriffen werden.

Als zwischen den Göttern Frieden herrschte und sie mit dem Bau des Menschenreichs fertig waren, konzentrierte sich Odin wieder auf sein eigenes Reich. Der Allvater sorgte sich um die Sicherheit Asgards und dachte darüber nach, wie er die Stadt am besten befestigen könnte. Asgard war jedoch so groß, dass es Jahre dauern würde, eine Mauer um die Stadt zu bauen. Während Odin von einem Ende der Stadt zum anderen ging und sich den Kopf zerbrach, sah er eine Gestalt, die sich über Bifröst der Stadt näherte. Diese geheimnisvolle Person war den ganzen Weg bis ins Reich der Götter gereist und hielt ein interessantes Angebot für sie bereit.

Der geheimnisvolle Mann stellte sich den Göttern vor und behauptete, ein Baumeister zu sein. „Ich könnte innerhalb von nur drei Jahreszeiten eine starke Steinmauer um diese Stadt errichten, und wenn ich fertig bin, könnten weder Riesen noch Monster sie durchdringen", erklärte er. Die Götter waren von seiner Behauptung überrascht und gleichzeitig misstrauisch gegenüber seinem Angebot. Für einen so kühnen Vorschlag, in kurzer Zeit eine Mauer um eine riesige Stadt zu errichten, musste der Baumeister etwas anderes im Sinn gehabt haben. „Natürlich zu einem bestimmten Preis", fuhr er fort. Als Gegenleistung für den Bau der Mauern verlangte der Baumeister Dinge, über die die Götter zweimal nachdenken mussten, bevor sie zustimmen konnten. So bat er zum Beispiel um die Hand der Göttin Freyja sowie um die Sonne und den Mond, die ihn dorthin zurückbringen sollten, wo er hergekommen war.

Die Götter gaben nicht sofort eine Antwort, sondern setzten sich zu einer kurzen Diskussion zusammen. Sie brauchten eine befestigte Mauer, um sich zu schützen, aber der Preis, den der Baumeister verlangte, war viel zu hoch. Die Götter hatten nicht vor, eine mächtige und wertvolle Göttin aus ihrem Pantheon zu verlieren und die Welt ohne Sonne und Mond dunkel und kalt werden zu lassen. Gerade als sie kurz davor waren, das gewagte Angebot des Baumeisters abzulehnen, schaltete sich Loki ein und überredete die Götter zum Gegenteil.

Der Schwindler behauptete, der Baumeister habe nur mit seinen Fähigkeiten geprahlt. Er schlug den Göttern vor, ein Gegenangebot zu machen. Er müsse die Mauern in nur einer Saison fertigstellen, um Freyja zusammen mit der Sonne und dem Mond zu bekommen. Die Götter hörten sich Lokis Idee aufmerksam an, waren sich aber immer noch unsicher. „Er wird es nicht schaffen", sagte der Trickser voller Zuversicht. „Er könnte höchstens die Hälfte der Arbeit erledigen, also warum nicht einfach zusehen, wie er es macht? Er wird Freyja, die Sonne und den Mond nicht in die Finger bekommen, wenn er es nicht rechtzeitig schafft, aber wenigstens bekommen wir den größten Teil der Mauer." Loki sah das Angebot als Gelegenheit, die Mauern kostenlos zu bauen, und es gelang ihm, den Göttern seine Sicht der Dinge zu vermitteln.

Daraufhin trafen sich die Götter mit dem geheimnisvollen Baumeister und teilten ihm ihre Entscheidung mit. Er sollte den Bau der Mauern bis zum ersten Tag des Sommers abschließen. Der Baumeister fragte, ob er sein treues Pferd mitbringen dürfe, um mit ihm zu arbeiten, was die Götter erlaubten. Er versicherte sich auch, dass die Götter ihm keinen Schaden zufügen würden, solange er sich in der Stadt aufhielt, um die gewaltigen Mauern zu errichten. Ohne weiter zu zögern, schlossen der geheimnisvolle Baumeister und die Götter ein Abkommen, das von vielen bezeugt wurde.

Eine Darstellung des geheimnisvollen Baumeisters und seines Pferdes von Robert Engels, 1919.
https://commons.wikimedia.org/w/index.php?curid=4663677

Schon am nächsten Tag kehrte der Baumeister mit seinem Pferd Svadilfari in die Stadt Asgard zurück. Die Götter behielten den Baumeister bei seiner Arbeit genau im Auge. Er war in der Tat geschickt in seiner Arbeit, aber es war sein Pferd, das am meisten glänzte. Der Baumeister war fleißig und hatte große Kraft, aber sein Pferd war doppelt so stark und konnte den ganzen Tag und die ganze Nacht arbeiten, ohne auch nur eine Sekunde zu ruhen. Der Baumeister schleppte die Steine für die Mauern und legte sie vorsichtig, aber stetig um die Stadt herum, bis die Mauern Gestalt annahmen, während Svadilfari alle massiven Felsbrocken zu den Mauern schleppte. Der Bau verlief sehr gut und reibungslos, was die Götter beunruhigte. Als der Winter endete und der Frühling nahte, war halb Asgard bereits von hohen Mauern umgeben. Wie versprochen, waren die Mauern so stark, dass nicht einmal die monströsesten Kreaturen der Welt sie überwinden konnten.

Weitere Tage vergingen. Der Baumeister und sein Pferd hörten nicht auf zu arbeiten, und die Mauern erreichten fast die Tore Asgards. Es waren nur noch drei Tage, bis der Sommer den Frühling ablöste, und die Götter gerieten in Panik. Selbst Freyja konnte nicht stillsitzen, denn sie war keineswegs bereit, ihre Halle zu verlassen um mit einem suspekten Mann zusammen zu sein, von dem sie nichts wusste. Da erinnerten sich die Götter an den Grund, aus dem sie sich auf dieses Abkommen mit hohem Einsatz eingelassen hatten: Ohne Lokis Überredungskunst hätten sie sich nicht mit diesem Problem befassen müssen. Und so riefen sie den Sohn von Laufey zu sich und warnten ihn. „Das ist deine Schuld, Loki", sagte Odin. „Du bist derjenige, der diesen Plan ausgeheckt hat, also denk dir lieber eine Lösung aus, bevor der Baumeister seinen Teil der Abmachung einhalten kann."

Die Götter drohten dem Schwindler, dass er den fürchterlichsten Tod erleiden würde, den man sich nur vorstellen kann, wenn ihm nicht auf der Stelle eine Lösung einfiele. Aus Angst vor seinem möglichen Schicksal schwor Loki schnell, dass er alles in Ordnung bringen würde und dass Freyja, der Sonne und dem Mond nichts Schlimmes zustoßen würde.

„Loki und Svadilfari" von Dorothy Hardy, 1909.
https://commons.wikimedia.org/w/index.php?curid=9700367

Loki wusste, dass er dem Baumeister nichts tun oder sagen konnte, um ihn von seiner Arbeit abzuhalten, also plante er, den starken Hengst Svadilfari auszutricksen. Die Götter sahen zu, wie der Trickser in den Wald ging. Nach einem Moment erschien eine wunderschöne Stute an derselben Stelle. Die Stute trabte anmutig und zeigte sich vor Svadilfari, der gerade damit beschäftigt war, seinem Herrn beim Bau der Mauern zu helfen. Als der Hengst die schöne Stute sah, riss er sich sofort aus seinem Geschirr, verließ die Baustelle und jagte die Stute durch den Wald. Die Götter Asgards, die den ganzen Vorfall sahen, waren amüsiert, denn sie wussten, dass die Stute, die den großen Hengst ablenkte, in Wirklichkeit der verwandelte Loki war.

Die Verfolgungsjagd zwischen den beiden Pferden dauerte stundenlang. Sie galoppierten von morgens bis abends über das Land, und der Baumeister blieb allein auf der Baustelle zurück und schleppte kleinere Steine von einer Seite zur anderen. Am nächsten Tag wartete er auf die Rückkehr seines starken Hengstes. Die Stunden vergingen, und er arbeitete immer noch allein. Der Baumeister wusste, dass Svadilfari nicht so bald an seine Seite zurückkehren würde, und ihm war auch klar, dass er die Mauern allein nicht rechtzeitig fertigstellen konnte. Da er wusste, dass sein Plan, eine Göttin zu heiraten und den Mond und die Sonne zu erobern, scheitern würde, brach der Baumeister in eine Wut aus, wie sie nur ein Bergriese zum Ausdruck bringen kann. Er zerschlug die vielen Bäume, die um ihn herum wuchsen, und zerbrach die Felsen und Steine, die er für die Mauern gesammelt hatte. Die Götter sahen die Reaktion des Baumeisters, und irgendwie waren sie nicht überrascht, als sie erfuhren, dass er tatsächlich ein Riese war. Ein paar der Götter hatten bereits einen Verdacht hinsichtlich seiner wahren Natur gehabt.

Obwohl die Götter eine Abmachung getroffen hatten, dem Baumeister keinen Schaden zuzufügen, solange er sich in Asgard aufhielt, änderte die Entdeckung, dass er ein Jötunn war, die Situation völlig. Sie riefen Thor herbei, der im Osten gegen Bergtrolle kämpfte, um sich dem Baumeister zu stellen. Der Riesentöter eilte schnell herbei. Er versetzte dem Baumeister mit seinem Hammer einen tödlichen Schlag auf den Schädel. Der Schlag war so kraftvoll, dass der Schädel des Baumeisters in tausend Stücke zerbrach und sein ganzer Körper in die Tiefen Helheims geschleudert wurde.

Jetzt, da der riesige Baumeister tot war, konnten die Götter beruhigt sein. Freyja konnte in Asgard bleiben, ohne sich Sorgen machen zu müssen, dass jemand sie mitnehmen könnte. Sonne und Mond waren an ihrem Platz, und die Welt wurde nicht von völliger Dunkelheit verschluckt. Mit einem einzigen Schlag auf den Schädel hatte der Baumeister seinen Lohn erhalten, den sofortigen Tod. Asgard war jedoch nicht vollständig geschützt, da die Mauern noch nicht fertiggestellt waren. Die Götter erwarteten keine weiteren Bedrohungen für ihre Stadt, aber die unvollendeten Mauern würden Verluste verursachen, wenn der Tag von Ragnarök endlich kam.

Loki hingegen wurde nach dem Vorfall nicht mehr in Asgard gesehen, zumindest nicht bis einige Monate später. Vermutlich hielt er sich die ganze Zeit über im Wald auf und war hochschwanger mit einem Fohlen, das von seiner Begegnung mit Svadilfari stammte. Daraufhin brachte sie ein wunderschönes graues Pferd mit acht Beinen zur Welt. Dieses prächtige achtbeinige Ross wurde Sleipnir (der Gleitende) genannt, und Loki nahm es mit nach Asgard.

Als der Schwindler im Reich der Götter ankam, wurde er vom Allvater angesprochen, der das ungewöhnliche Pferd bewunderte. Die Asen besaßen viele Rösser, die sie über Bifröst ritten, und jedes hatte seine eigenen Fähigkeiten. Freyrs Pferd, Blodughofi, konnte durch Feuer galoppieren und es unbeschadet überstehen. Gullfaxi, ein goldenes Pferd, das Thor Magni geschenkt hatte, konnte zu Lande, in der Luft und sogar auf dem Wasser so schnell wie der Wind laufen. Aber Sleipnir war das beste von allen, so wie Yggdrasil der schönste aller Eschenbäume und Thor der mächtigste aller Götter war. Man konnte auf dem achtbeinigen Pferd reiten und schnell zwischen den Welten reisen, auch nach Helheim, dem Reich der Toten.

Odin reitet nach Hel von W. G. Collingwood, 1908.
https://commons.wikimedia.org/w/index.php?curid=4740927

„Nimm ihn!" sagte Loki zum Allvater und bot ihm das ungewöhnliche Pferd als Geschenk an. Odin nahm das Geschenk sofort an und hieß den Sohn von Laufey wieder in Asgard willkommen. Mit Sleipnir als treues Reittier konnte der Allvater mit voller Geschwindigkeit durch alle neun Reiche galoppieren. Einmal forderte Odin den mächtigsten Riesen, Hrungnir, zu einem Pferderennen heraus. Der Gott und der Riese bestiegen ihre Pferde, Odin auf Sleipnir und Hrungnir auf Gullfaxi, und ritten von den Flussläufen zu den steilen Hügeln und dichten Wäldern von Jötunheim, bis sie schließlich vor den Toren Asgards ankamen. Wie erwartet, gewann Sleipnir das Rennen und behielt seinen Titel als schnellstes Pferd des Universums. Später ritt der Allvater mit Gungnir (seinem Speer) in der Hand auf dem achtbeinigen Pferd über das Schlachtfeld von Vigrid, um sich Fenrir, dem Wolf, zu stellen und schließlich zu unterliegen.

Kapitel 12 - Odins Opfer und der Met der Poesie

„Ich weiß, daß ich hing | am windigen Baum

Neun lange Nächte,

Vom Sper verwundet, | dem Odhin geweiht,

Mir selber ich selbst,

Am Ast des Baums, | dem man nicht ansehn kann

Aus welcher Wurzel er sproß. "

(*Hávamál*, Strophe 139, übersetzt von Karl Simrock)

Der Mensch wird mit fünf Sinnen geboren, mit denen er die Welt um sich herum erkundet, aber Odin soll mit dem sechsten Sinn gesegnet sein, nämlich mit Wissen. Der Allvater wusste fast alles. Er wusste, wie man die tosenden Wellen des wilden Meeres beruhigt, er wusste, wie man die Klingen seiner Feinde abstumpft und sie blind macht, er wusste, wie man alle Arten von Wunden und Krankheiten, die die Welt plagten, heilt und behandelt, und er wusste, wie man Tote auferweckt, damit sie sprechen und ihre Geheimnisse offenbaren konnten. Dieses grenzenlose Wissen wurde ihm jedoch nicht ohne einen Preis zuteil. Der Allvater musste eine lange, harte Reise durch die Reiche antreten und das ultimative Opfer bringen, bevor er mit dieser unbezahlbaren Weisheit gesegnet werden konnte.

Odins erste Suche nach Weisheit begann, als er merkte, dass sein Wissensdurst immer stärker wurde. Und so begab sich der Allvater auf eine Reise nach Jötunheim, dem ungezähmten Land seiner Feinde, der Riesen. Odin, der als Reisender verkleidet war, wanderte allein durch das kalte, neblige Land, bis er einen Brunnen erreichte, der direkt unter einer der drei mächtigen Wurzeln von Yggdrasil lag.

Der Brunnen, der auch als Mímisbrunnr bekannt ist, sollte alle Intelligenz und Weisheit der Welt enthalten. Sein Wächter, Mimir, trank einst mit dem Gjallarhorn aus dem Brunnen. Es war dasselbe Horn, in das Heimdall blies, als Ragnarök begann, und sein Wasser verlieh ihm außergewöhnliche Weisheit und unendliches Wissen, so dass er unter den Asen als das weiseste Wesen bekannt war. Odin wusste, dass ein Schluck Wasser aus dem Brunnen genügte, um alle Weisheit der Welt zu erlangen. Und so näherte er sich dem Brunnen und begrüßte seinen Wächter, Mimir, von dem die Gelehrten auch annehmen, dass er sein Onkel sein könnte.

„Warum bist du zu meinem Brunnen gekommen, mächtiger Odin?" fragte Mimir.

„Um Weisheit zu erlangen, natürlich", antwortete der Allvater. „Ich bin der Allvater und der Herr der Götter. Sag mir, Mimir, wie könnte ich diesem Titel gerecht werden, wenn ich nicht alles Wissen und alle Intelligenz in diesem Universum erhalte und in mir aufnehme?" Odin fragte das weise Wesen, ob er aus seinem Wissensbrunnen trinken dürfe, aber Mimir behauptete, dass Odin, obwohl er in der Tat das Oberhaupt aller Götter sei, einen hohen Preis zahlen müsse, bevor er seine Bitte erfüllen könne. Und so verlangte das weise Wesen vom Allvater, eines seiner Augen zu opfern.

Odin wäre bereit, alles zu tun, nur um mehr Macht und Wissen zu erlangen. Also stach sich der Gott ohne zu zögern eines seiner Augen aus. Es heißt, dass seine Schmerzensschreie im ganzen Universum widerhallten und die Erde erschütterten. Dann ließ er sein Auge mit seinen eigenen Händen in Mimirs Brunnen des Wissens fallen.

„Ich habe meinen Teil erfüllt", sagte das Oberhaupt der Götter. Mimir erfüllte seinen Teil der Abmachung, nahm das Horn und schöpfte das schimmernde Wasser aus seinem Brunnen. Dann reichte er das Horn an den Allvater weiter, der das Wasser sofort mit einem einzigen Schluck austrank. Als das Horn bis auf den letzten Tropfen geleert war, erlangte Odin die ultimative geistige Macht, die keiner der Götter in Asgard je erreichen sollte, mit Ausnahme von Mimir selbst. Aber das war noch nicht alles, denn er erhielt auch eine tiefe Narbe in einer seiner Augenhöhlen und einen neuen Namen für sich: der einäugige Gott.

Obwohl Odin am Ende seiner Suche nach Weisheit in Jötunheim nur noch ein Auge hatte, konnte der Allvater das Universum immer noch in voller Klarheit überblicken. Tatsächlich konnte er es sogar noch besser sehen. Während er auf seinem Thron, Hliðskjálf, saß, erregte ein anderes Ereignis seine Aufmerksamkeit. Es war der Anblick der Nornen unter dem Weltenbaum, die sich direkt neben dem Brunnen von Urd befanden. Diese drei Frauen waren damit beschäftigt, das Schicksal aller Wesen im Universum zu bestimmen, indem sie Runen in den massiven Stamm von Yggdrasil ritzten. Sobald sie fertig waren, würden die Menschen und alle anderen Geschöpfe, einschließlich der Götter selbst, bald von ihrem Schicksal erfahren.

Aus seiner Beobachtung wusste Odin, dass die Runen nicht nur ein Schriftsystem waren, das aus einer Reihe von Buchstaben und Symbolen bestand. Er wusste, dass die Runen auch dazu dienten, magische Kräfte zu beschwören. In Verbindung mit dem Wissen über Magie und Inschriften konnte man mit den Runen Zaubersprüche sprechen, eine Person mit einem Fluch belegen, einer bestimmten Waffe große Fähigkeiten verleihen und sogar Wunden und Krankheiten heilen. Wie die Nornen konnte ein Mensch, der die Kunst der Runen beherrschte, auch die Zukunft vorhersagen und sich vor schrecklichem Unglück schützen.

Da er wusste, dass er noch nicht alles Wissen der Welt besaß, wurde Odin neidisch auf die Nornen. Er wünschte sich, das geheimnisvolle Wissen der Runen zu erlangen, und er wollte alles tun, um diesen Traum wahr werden zu lassen. Und so verließ Odin erneut seine Halle und machte sich auf eine neue Suche. Diesmal reiste er zum Mittelpunkt der Welt, wo Yggdrasil wuchs und wo der Brunnen von Urd zu finden war. Die Runen erschienen jedoch nur denjenigen, die würdig waren und keine Angst kannten. Manche sagten sogar, dass man die Runen nur im Tod sehen könne. Um sich zu beweisen, brachte der Allvater deshalb ein weiteres großes Opfer.

Eine Darstellung des sich opfernden Odin von Lorenz Frølich.
https://commons.wikimedia.org/wiki/File:The_Sacrifice_of_Odin_by_Fr%C3%B8lich.jpg

Odin hängte sich an den Ast von Yggdrasil und durchbohrte sein Fleisch mit seinem eigenen Speer. Neun Tage und Nächte lang hing der Allvater am Baum, seine Haut und sein ganzer Körper waren der sengenden Hitze, den windigen Abenden und den kalten, stürmischen Nächten ausgesetzt. Er weigerte sich, gefüttert und gepflegt zu werden, und er verbot den Göttern, ihn zu retten. Keiner der Asen durfte sich dem Allvater nähern und ihn mit Nahrung versorgen.

Man glaubte, dass in der neunten Nacht, als der Gott aufgrund seiner Aufopferung starb, alle Lichter der Welt erloschen. Doch als Mitternacht vorüber war, erwachte der Gott wieder zum Leben und brachte ein mächtiges Runenwissen mit sich. Durch sein Opfer hatte der Allvater neun Zaubersprüche und achtzehn Zauberformeln erlernt, die er später mit seinen Mitgöttern in Asgard teilte.

Aufgrund seiner mächtigen Kenntnisse der Runen und der Magie ist es nicht verwunderlich, dass der einäugige Gott mit Weisheit, Krieg und sogar mit dem Tod in Verbindung gebracht wurde. Aber Magie, Zaubersprüche und die Fähigkeit, die Zukunft vorauszusehen, waren nicht alles, was der Allvater wollte. Er hatte es auch auf den Met der Poesie abgesehen.

Nachdem der Krieg zwischen den Asen und den Vanir zum Stillstand gekommen war, beschlossen die Götter, ihre Waffen niederzulegen und einen Waffenstillstand auszuhandeln, durch den sie friedlich zusammenleben würden. Um den Vertrag zu besiegeln, spuckten die Götter beider Stämme in ein Gefäß. Aus ihrer Spucke wurde ein großes Wesen geboren, das den Namen Kvasir trug.

Kvasir galt als der Weiseste unter den Menschen, und er wurde auch als der beste Dichter der Welt angesehen. Man konnte ihn mit Fragen überhäufen, und er beantwortete jede einzelne mit Leichtigkeit. Wegen seines außergewöhnlichen Witzes und seiner Intelligenz reiste Kvasir oft durch die Welt und versorgte die Menschen mit Wissen und Ratschlägen.

Doch die Dinge drohten aus dem Ruder zu laufen, als zwei geheimnisvolle Zwerge namens Fjalar (Betrüger) und Galar (Schreier) beschlossen, das weise Wesen in ihr Haus einzuladen. Kvasir, der von den bösen Absichten der beiden nichts ahnte, nahm die Einladung sofort an, und als er an der Türschwelle ankam, wurde er von den beiden Zwergen begrüßt. Sobald sie sicher waren, dass sie nicht von anderen Augen beobachtet wurden, ermordeten Fjalar und Galar Kvasir und füllten sein Blut in drei riesige Gefäße.

Zusammen mit Honig brauten die Zwerge sein Blut zu einem besonderen Getränk, dem Met der Poesie. Wem es gelang, auch nur einen Schluck von diesem besonderen Met zu trinken, der erlangte die ultimativen Fähigkeiten eines Dichters oder Gelehrten.

Nach einiger Zeit begannen die Götter Asgards, insbesondere Odin, sich über den Verbleib Kvasirs zu wundern. Sie hegten einen Verdacht gegen die beiden Zwerge, aber sowohl Fjalar als auch Galar hatten ihre Antworten bereits parat, falls die Götter mit Fragen in ihr Haus kommen würden. „Er ist an seinem eigenen unbegrenzten Wissen erstickt", wollten die Zwerge denen sagen, die sie fragten. Schon bald hatten die Zwerge ein neues Hobby und begannen, zum Spaß zu töten. Ihr nächstes Opfer war ein Riese namens Gilling, den sie in der Nähe ihres Hauses ertränkten. Der Riese war jedoch verheiratet, und sein plötzliches Verschwinden veranlasste seine Frau, zum Haus der Zwerge zu gehen.

„Habt ihr meinen Mann gesehen?", fragte die verzweifelte Riesin.

„Er ist tot", antworteten die Zwerge ohne Reue. Als die Riesin das Schicksal ihres Mannes erfuhr, brach sie in lautes Weinen aus, was die beiden Zwerge sehr ärgerte. Und so töteten sie die weinende Riesin, indem sie ihr einen schweren Mühlstein auf den Kopf warfen.

Ein paar Tage später bekamen die Zwerge einen weiteren Gast. Es war ein Riese namens Suttung, und er war der Sohn von Gilling. Der Riese war wütend, als er von der Ermordung seines Vaters erfuhr, und er verlangte, dass die Zwerge für ihre bösen Taten büßen sollten. Also nahm er Fjalar und Galar gefangen und brachte sie zu der Stelle, an der sein Vater ertrunken war. Bei Ebbe band er die beiden bösartigen Zwerge an einen Felsen. Die Zwerge wussten, dass sie ertrinken würden, wenn die Flut kam, und flehten um ihr Leben.

„Bitte, verschont uns!", schrie einer von ihnen. „Lasst uns für den Tod eures Vaters aufkommen! Lasst uns gehen, und jeder Tropfen des Mets der Poesie gehört euch." Suttung wusste, dass die Götter sehr eifersüchtig sein würden, wenn er den Met in die Hände bekäme, und so willigte er ein, die Zwerge freizulassen, wenn er dafür alle drei Fässer mit dem Met der Poesie bekäme.

Odin sah den ganzen Vorfall und war erzürnt darüber, dass ein Riese ein so unschätzbares Gut besaß. Der einäugige Gott, der immer auf der Suche nach Weisheit und Wissen war, nahm sich vor, den Met von dem Riesen zu stehlen. Doch der Diebstahl sollte nicht einfach werden, denn Suttung hatte den kostbaren Met in seinem Haus versteckt, das weit oben auf dem Berg lag und von seiner eigenen Tochter Gunlod bewacht wurde.

Und so schmiedete der Allvater einen neuen Plan. Anstatt direkt zu Suttungs Behausung zu reisen, verkleidete sich Odin, diesmal als wandernder Knecht namens Bölverkr, und machte sich auf den Weg zu einem Bauernhof, der Baugi, dem Bruder des Riesen, gehörte. Als er dort ankam, sah der Gott neun Knechte von Baugi, die in der Sonne schwitzten und sich abmühten, das Heu zu schneiden. Odin trat an sie heran, und unter seinem Mantel holte der verkleidete Gott einen Schleifstein hervor. „Versucht, diesen Schleifstein bei euren Sensen zu benutzen. Ihr werdet nur wenig Kraft aufwenden müssen, um das Heu zu schneiden."

Alle neun Sklaven waren erfreut, dass ihre Sensen schärfer waren als zuvor, und sie konnten ihre Arbeit in wenigen Augenblicken erledigen. „Dies ist in der Tat der beste Schleifstein der Welt", sagte einer der Knechte. „Würdest du ihn einem von uns verkaufen?"

„Natürlich" antwortete der Allvater. „Aber er hat einen hohen Preis." Bevor er wegging, warf Odin den Schleifstein in die Luft. Die neun Sklaven stürmten mit ihren Sensen in der Hand in Richtung des Schleifsteins, aber ihre Verzweiflung machte sie blind, und sie schnitten sich versehentlich gegenseitig die Kehle durch.

Als Baugi erfuhr, dass seine Sklaven alle tot waren, war er voller Wut und Enttäuschung. Doch Odin, der immer noch als Bölverkr verkleidet war, trat an ihn heran und bot ihm seine Hilfe an. „Ich kann die ganze Arbeit der neun Sklaven erledigen", behauptete der verkleidete Gott stolz.

„Und der Preis für deine Hilfe?" Baugi schaute ihn an.

„Ich möchte nur einen Schluck von dem kostbaren Met deines Bruders."

Baugi schwieg einen Moment und sagte dem wandernden Knecht, dass er ihm den Met nicht versprechen könne, aber er könne ihn nach Suttung bringen. Odin war sofort einverstanden und machte sich an die Arbeit auf dem Hof.

Als der Sommer vorbei war, kehrte der verkleidete Gott zu Baugi zurück und verlangte seinen Lohn. Der Riese führte ihn in die Berge, und schließlich erreichten sie Suttungs steinerne Behausung. Baugi traf sich mit seinem Bruder und trug sein Anliegen vor. Suttung weigerte sich jedoch, dem verkleideten Gott seinen kostbaren Met zu geben, egal wie sehr er seinem Bruder geholfen hatte. Baugi wandte sich an den Knecht und behauptete, er habe seinen Teil der Abmachung erfüllt. „Ich habe nur versprochen, dich hierher zu bringen, und damit ist es getan."

Odin, dessen Geist voller Tricks und Pläne war, reichte dem Riesen einen Bohrer, den er unter seinem Umhang hervorholte. „Das Mindeste, was du tun kannst, um dich bei mir zu revanchieren, ist, einen Weg in den Berg zu bohren, wo der Met versteckt ist." Baugi warf ihm einen besorgten Blick zu und war von dem Plan nicht überzeugt. „Mach dir keine Sorgen, Baugi. Ich werde einen so kleinen Schluck nehmen, dass dein Bruder es nicht einmal bemerken wird."

Der Riese wusste, dass der Gott den Berg nicht mit leeren Händen verlassen würde, also schnappte er sich den Bohrer und bohrte sich durch den Berghang. Nach einer Weile hörte Baugi auf zu bohren und schaute den verkleideten Gott an. „Es ist vollbracht."

Odin war misstrauisch gegenüber der Behauptung des Riesen und blies in das Loch. Der Staub wehte ihm jedoch zurück ins Gesicht, was bewies, dass der Riese versucht hatte, ihn zu täuschen. „Das glaube ich nicht", sagte Odin und hielt den Riesen davon ab, zu gehen. „Ihr müsst weiterbohren."

Da es keine Möglichkeit zur Flucht gab, tat Baugi, was der verkleidete Gott ihm befohlen hatte. Als der Riese aufhörte zu arbeiten, pustete Odin erneut in das Loch. Diesmal ging der Staub hindurch. Nachdem er sich für die Erfüllung seines Teils der Abmachung bedankt hatte, verwandelte sich Odin in eine Schlange und schlängelte sich in das winzige Loch. Baugi versuchte daraufhin, den Gott mit dem Bohrer zu erstechen, aber er war zu langsam.

Als der Gott schließlich drinnen war, nahm er die Gestalt eines attraktiven jungen Mannes an und näherte sich Gunlod, die den Met bewachte. Er bezauberte die Riesin mit seinen Worten und falschen Versprechungen. Der Gott ließ die Riesin glauben, dass er bald um ihre Hand anhalten würde. So kam der verkleidete Gott drei Nächte hintereinander an ihr Bett und blieb bei ihr. Während er ihr verführerische Worte ins Ohr flüsterte, bat er die Riesin um einen Schluck Met. In der ersten Nacht nahm der Gott seinen ersten Schluck Met und leerte das ganze Fass. In der zweiten Nacht verzauberte er die Riesin erneut, und ihm wurde erneut Zugang zum Met gewährt. Daraufhin schluckte der Gott jeden Tropfen des zweiten Fasses. In der dritten Nacht tat er dasselbe noch einmal.

Da nun alle drei Fässer geleert waren, musste Odin dafür sorgen, dass der Met nicht in seiner Kehle aufstieg, sonst wären all seine Bemühungen nur Zeitverschwendung gewesen. Also verwandelte er sich in einen Adler und flüchtete aus Gunlods Behausung. Er flog jedoch nicht sehr schnell, denn sein Magen war aufgebläht und zu voll mit Met. Als Suttung den verdächtigen Adler aus der Behausung seiner Tochter fliegen sah, nahm er selbst die Gestalt eines riesigen Adlers an und jagte dem Gott nach.

Die Götter in Asgard sahen die Verfolgung, und als Odin sich ihren Mauern näherte, schleppten sie schnell drei riesige Gefäße aus ihrem Palast. Suttung schlug mit den Flügeln, so fest er konnte, aber es gelang ihm nicht, den Gott zu fangen, und er musste den Rückzug antreten. Odin, der immer noch die Gestalt eines Adlers hatte, kam sicher in Asgard an. Er machte sich dann auf den Weg zu den drei Gefäßen und spuckte den ganzen Met aus, den er geschluckt hatte.

Während der Allvater den Met wieder auswürgte, fielen ein paar kleine Tropfen aus seinem Schnabel in die Welt der Menschen. Während der bessere Met in den Gefäßen unter den Asen geteilt wurde, gelangten die kleinen Tröpfchen des Mets zu den Menschen und wurden zur Quelle aller schlechten bis mittelmäßigen Dichter und Gelehrten.

Kapitel 13 - Die Fesseln des Fenrir

Odin saß auf seinem hohen Thron, Hliðskjálf, und überblickte alle neun Reiche, als er im Land der Riesen etwas Beunruhigendes sah. Tief in der Wildnis von Jötunheim lebte eine Riesin namens Angrboða (Angrboda) mit ihren drei Kindern Jörmungandr, Fenrir und Hel. Der Allvater spürte etwas Dunkles an ihnen, vor allem, als er erfuhr, dass die drei monströsen Kinder Lokis Nachkommen waren.

In der *Völuspá* wird erwähnt, dass Odin einst den Geist einer toten Völva oder Seherin zu sich rief und sie überredete, ihm das Wissen über die Vergangenheit, Gegenwart und Zukunft mitzuteilen. Obwohl die Völva zögerte, erzählte sie Odin alles, was sie wusste, aber die Prophezeiung über das Ende der Welt erregte die Aufmerksamkeit des Allvaters am meisten.

„Es wird ein Tag kommen, an dem die Kräfte des Chaos die Hüter der Ordnung übertreffen werden", sagte die Völva. „Loki und seine Kinder werden sich befreien und Schrecken über die Welt bringen. Die Toten aus dem dunklen Reich Helheim werden in das Land der Lebenden segeln und eine Katastrophe verursachen, während die Feuerriesen ihre flammenden Schwerter schwingen und die Welt in Schutt und Asche legen werden." Die Prophezeiung wurde dem Oberhaupt der Götter in allen Einzelheiten erklärt, einschließlich seines eigenen Schicksals, denn auch Odin sollte während Ragnarök untergehen. Er würde vom Riesenwolf Fenrir verschlungen werden.

Seit die Götter von ihrem zukünftigen Schicksal durch Lokis Kinder erfahren hatten, erklärten sie diese sofort zu Monstern und Feinden der Asen. Als Odin herausfand, wo die drei Kinder aufgezogen wurden, befahl er seinen den anderen Göttern, nach Jötunheim zu reisen und alle Nachkommen Lokis zu entführen und nach Asgard zu bringen. Als sie dort ankamen, war Odin angewidert, als er zum ersten Mal Jörmungandr erblickte, der damals noch eine kleine Schlange war. Um mit ihm fertig zu werden, warf Odin Jörmungandr in das tiefe Meer von Midgard, wo er bis zur Ankunft von Ragnarök bleiben sollte. Jörmungandr wuchs langsam, aber mit der Zeit wurde er zu einer riesigen Schlange, die die ganze Erde umschließen und sich selbst in den Schwanz beißen konnte.

Als Nächstes erblickte Odin Hel, Lokis Tochter, deren Aussehen besonders ungewöhnlich war. Die eine Hälfte ihres Gesichts sah aus wie ein normaler Mensch mit heller Haut, während die andere Hälfte ihres Gesichts ein düsteres Blau hatte, fast wie ein verwesender Leichnam, wobei Teile ihres Schädels frei lagen. Im Gegensatz zu Jörmungandr, der ins Meer geworfen wurde, wurde Hel nach Helheim geschickt, wo sie über diejenigen herrschen sollte, die an Krankheit, Alter und Unfällen starben.

Zu guter Letzt blickte Odin auf den Wolfsjungen Fenrir, der von manchen auch Fenris genannt wird. Ein Blick auf ihn, und der Allvater spürte einen Schauer in seinen Knochen, denn er wusste, dass Fenrir derjenige sein würde, der ihn ganz verschlingen würde, wenn die Götterdämmerung endlich eintrat. Und so kam Odin auf die Idee, den Wolf in Asgard zu behalten, damit er ihn immer im Auge behalten konnte.

Es hieß, dass Fenrir eigentlich friedlich unter den Göttern in Asgard lebte. Derjenige, der sich um ihn kümmern würde, war kein anderer als der Gott Tyr. Jeden Tag fütterte der Gott der Ehre und Gerechtigkeit Fenrir eigenhändig mit Fleisch, und manchmal verbrachte er einige Zeit damit, mit dem Wolfsjungen zu spielen, nachdem er nach Hause zurückgekehrt war oder bevor er zu einer Reise außerhalb des Reiches aufbrach.

Ein Bild von Tyr, wie er Fenrir füttert. Illustrator unbekannt.
https://commons.wikimedia.org/wiki/File:Tyr_feeds_Fenrir.gif

Obwohl Fenrir in Asgard kein Unheil anrichtete, war es für die Götter schwer, ihn anzusehen, ohne dass ihre Augen von Angst erfüllt waren. Sie hielten an der Prophezeiung fest und waren sich sicher, dass der Wolf nichts als Unheil über sie bringen würde. Während es hieß, dass Jörmungandr lange brauchte, um heranzuwachsen, war es bei Fenrir genau das Gegenteil. Als die Götter ihn zum ersten Mal zu sich holten, war Fenrir nur ein kleines Jungtier, das in den kleinen Händen eines Kindes gehalten werden konnte, aber im Laufe der Tage wuchs er zu einer gewaltigen Größe heran. Bald war niemand mehr in der Lage, ihn zu halten, geschweige denn seine gewaltige Kraft zu übertreffen.

Als Odin das beunruhigende Wachstum des Wolfes sah, begann er, seinen nächsten Schritt zu planen. Der Allvater konnte nicht einfach stillsitzen, während Lokis monströses Kind immer stärker wurde. Es wäre unehrenhaft, das Blut des Wolfes vor den Toren Asgards zu vergießen, also musste er sich so schnell wie möglich etwas anderes einfallen lassen. In diesem Moment schlugen die anderen Götter vor, Fenrir anzubinden. In aller Eile erhob sich Odin von seinem Thron und befahl den besten Schmieden Asgards, eine Kette herzustellen, die stark genug war, um den Wolf an seinen Bewegungen zu hindern. Einige Tage später präsentierten die Schmiede dem Oberhaupt der Götter stolz das die erste Kette, die den Namen Laedingr erhielt.

Odin und die anderen Götter Asgards nahmen die neu gefertigte Kette und brachten sie dem Riesenwolf. Fenrir wurde jedoch nicht in ihre Pläne eingeweiht, da sie nicht riskieren wollten, dass der Wolf in ihrem Reich randalierte. Stattdessen sagten ihm die Götter, dass die Fessel nur ein einfacher Test der Stärke sei. Die Götter täuschten ihn, indem sie ihm sagten, dass er, wenn er sich von der Kette befreien würde, als das stärkste Wesen der Welt gelten würde. In dem Wunsch, für seine Stärke bekannt zu sein, willigte Fenrir ein, sich von Laedingr binden zu lassen.

Mit einem großen, aber langsamen Seufzer der Erleichterung näherten sich die Götter Asgards vorsichtig dem Riesenwolf und legten ihn in Fesseln. Fenrir rührte sich nicht und wartete, bis die Götter ein paar Schritte zurückgetreten waren. Während alle Augen auf ihn gerichtet waren, stemmte und riss sich Fenrir ohne Schwierigkeiten aus der Fesselung. Er brauchte nur einen Versuch, bis die Fesseln in Stücke gerissen waren. Fenrir fühlte sich, als hätte er die Prüfung der Götter bestanden, und brüllte vor Stolz.

Die Götter, besonders Odin, waren beunruhigt und erschrocken über die Stärke des Wolfes. „Stellt euch vor, wie schrecklich es wäre, wenn der Wolf frei auf dem Schlachtfeld herumlaufen und jeden von uns angreifen und in Stücke reißen könnte", dachten die Götter. Und so gingen die Götter erneut zu den Schmieden. „Wir brauchen eine stärkere Kette!" riefen sie. „Eine, die stärker ist als die letzte."

Die Götter bekamen schließlich, worum sie gebeten hatten. Die Schmiede überreichten ihnen eine andere Kette, die sie Dromi nannten. Sie war doppelt so stark wie Laedingr und viel länger und breiter. Als die Götter die zweite Kette in Händen hielten, luden sie Fenrir ein, seine Macht erneut zu testen. Doch dieses Mal war der Wolf vorsichtiger, denn die Kette sah stabiler und stärker aus als zuvor. Doch die Asen wussten, wie sie den Riesenwolf überreden konnten, und so willigte er bald ein, sich anbinden zu lassen.

Fenrir zerrte einmal, aber die Kette war immer noch intakt und ließ die Götter in Erstaunen geraten. Der Wolf bäumte sich erneut auf, und die Kette begann, sich zu lockern. Fenrir brauchte ein paar Versuche, aber es gelang ihm, sich zu befreien. Wieder hatte der Wolf seine Macht bewiesen und die Götter in Angst und Schrecken versetzt.

Odin konnte seine Angst kaum unterdrücken und rief Skírnr in seine Halle. „Geh rasch nach Svartalfheim", befahl der Allvater. „Dort wirst du die Zwerge finden, die alle Meister der Schmiedekunst sind."

Ohne auch nur einen Augenblick zu zögern, reiste der Bote in das Reich der Zwerge, das tief unter der Erde lag. Dort traf er sich mit den Schmiedemeistern und überzeugte sie, die stärkste Kette des ganzen Universums zu schmieden, den sogenannten Gleipnir.

Die Luft war voller Ruß und der Geruch von Rauch stieg aus den Schmieden auf, und die Zwerge begannen mit ihrer Arbeit. Sie schmiedeten die Kette mit ungewöhnlichen Materialien, und zwar aus dem Geräusch des Tritts einer Katze, dem Bart einer Frau, den Wurzeln eines Berges, den Sehnen eines Bären, dem Atem eines Fisches und dem Speichel eines Vogels. Sobald die Kette geschmiedet war, trug der Bote sie zurück in das Reich der Götter und überreichte sie ihnen.

Mit Gleipnir in ihrem Besitz gingen die Götter noch einmal zu Fenrir, diesmal zuversichtlicher als zuvor. Als der junge Riesenwolf die dritte Kette sah, konnte er nicht anders, als den Göttern gegenüber misstrauisch zu sein. Im Gegensatz zu den beiden vorherigen Ketten sah Gleipnir anders aus, denn sie war fast so weich wie Seide, und so breit wie ein einfaches Band. Fenrir begann zu vermuten, dass die Götter ihn täuschen wollten, weshalb er beschloss, die Herausforderung abzulehnen.

Daraufhin verspotteten die Asen den Wolf. „Du hast dich schon von zwei starken Fesseln befreit, wie schwer kann da ein Band sein?" Das erregte das Misstrauen des Wolfes noch mehr, aber er stimmte der Herausforderung widerwillig zu, allerdings unter einer Bedingung. Er bat darum, dass einer der Götter ihm eine seiner Hände in den Mund legte. Wenn er recht hätte, dass die Götter ihn austricksen wollten, würde er die Schwerthand des Asen abbeißen.

Die Götter verstummten, als sie Fenrirs Bitte hörten. Sie wussten, dass der junge Wolf sich dieses Mal nicht befreien würde, also war keiner von ihnen bereit, seine Schwerthand zu verlieren. Die Diskussion zwischen den Göttern endete, als sich Tyr, der einzige Gott, der es wagte, den Wolf zu füttern und zu versorgen, freiwillig meldete. Er näherte sich Fenrir und legte ruhig seine Hand in das Maul des Riesenwolfs. Dann kamen die anderen Götter, um die Fesseln anzulegen, und entfernten sich schnell wieder, als sie fertig waren.

„Tyr und Fenrir" von Viktor Rydberg, 1911.
John Bauer, Public Domain, https://commons.wikimedia.org/wiki/File:Tyr_and_Fenrir-John_Bauer.jpg

Fenrir versuchte vergeblich, sich loszureißen. Wieder zerrte und strampelte er, um sich zu befreien, aber je mehr er sich anstrengte, desto fester hielten ihn die Fesseln. Da er wusste, dass seine Vermutung richtig war und die Götter tatsächlich versuchten, ihn auszutricksen, schnappte er zu und biss in Tyrs rechte Hand. Keiner der Asen versuchte, dem Wolf zu helfen, und so stürzte er sich auf sie und versuchte, sie anzugreifen. Die Götter lachten über den hilflosen Wolf, bis auf Tyr, der ihn nur anstarrte. Es ist unklar, warum Tyr so reagierte, als er Fenrir endgültig gefesselt sah. Vielleicht lag ihm der Wolf wirklich am Herzen, denn er hatte ihn seit seiner Kindheit gefüttert. Vielleicht wusste er, dass sie mit dem Betrug und Verrat an Fenrir ihr eigenes Schicksal besiegelt hatten und der Erfüllung der Prophezeiung einen Schritt näher gekommen waren. Einige Quellen behaupten sogar, wenn die Götter den Wolf gut aufgezogen hätten, ohne ihn zu verraten, wäre Fenrir vielleicht auf ihrer Seite gewesen, als Ragnarök kam.

Eine Darstellung der Fesselung von Fenrir von Dorothy Hardy, 1909.
https://commons.wikimedia.org/wiki/File:Fenrir_binded.png

Da die Ketten ihn festhielten, konnte Fenrir sich nicht mehr bewegen. Und so nahmen die Götter Gelgja, eine Kette, von der es hieß, sie sei unzerstörbar, und befestigten diese an den Fesseln. Sie wussten, dass es gefährlich wäre, einen wütenden Wolf in ihrer Festung zu halten, und so schleppten die Götter den armen Wolf auf eine einsame und verlassene Insel namens Lyngvi. Auf der Insel wurde die unzerbrechliche Kette fest an einer Steinplatte befestigt, die die Götter später in den Boden schlugen. Fenrir weigerte sich immer noch, aufzugeben, und versuchte, die Götter in der Nähe anzugreifen. Plötzlich trat einer der Asen einen Schritt näher an den Wolf heran, und rammte sein Schwert in dessen Maul, um es offen zu halten.

Fenrir heulte hilflos auf, bis ihm der Speichel aus dem riesigen Maul floss. Aus Fenrirs Speichel entstand der trübe Fluss Ván. Manche glaubten, dass Fenrirs zwei Kinder, Sköll und Hati, versuchten, ihn zu befreien, aber sie scheiterten kläglich, denn die Fesseln waren zu stark. Es heißt, Fenrir sei auf der einsamen Insel mit offenem Mund gefangen gehalten worden, bis Ragnarök endlich stattfand.

Als Ragnarök eintrat, befreite sich der bösartige Wolf endlich von seinen langen, schmerzhaften Fesseln und rannte durch die Reiche, um alles und jeden zu verschlingen, der sich ihm in den Weg stellte. Seine letzte Station war das Schlachtfeld von Vígríðr (Vigrid), wo er auf den Gott wartete, der seine Fesselung geplant hatte. Obwohl Fenrir später von Odins Sohn Vidar getötet wurde, gelang es dem Wolf, seine Rache zu vollenden, indem er das Oberhaupt der Götter selbst verschlang.

Kapitel 14 - Thor im Land der Riesen

Im Gegenzug für einen Platz zum Übernachten hatte Thor seine beiden Ziegen geopfert und sie für die Zubereitung des Abendessens verwendet. Obwohl es dem Bauern und seiner Familie freistand, das Mahl mit den Göttern zu teilen, hatte Thor sie strengstens davor gewarnt, die Knochen der Ziegen zu brechen, da dies den Auferstehungsprozess beeinträchtigen würde. Loki jedoch überredete Thjalfi, den Sohn des Bauern, einen der Ziegenknochen zu brechen und das Mark zu kosten. Die Ziegen waren am nächsten Morgen wieder auferstanden, aber eine von ihnen schien auf einer Seite zu lahmen.

Als Thor dies entdeckte, entbrannte er in Wut. Doch er hatte auch Mitleid mit den Bauern, denn er sah, wie elend sie lebten. So beschloss der rotbärtige Gott, ihnen kein Leid zuzufügen und nahm als Ausgleich für ihre Verfehlungen nur die beiden Geschwister Thjalfi und Röskva mit. Die Geschwister erwiesen sich als seine treuesten Diener und begleiteten ihn auf eine Reihe von Abenteuern. Während über Röskva in den alten Gedichten wenig bis gar nichts erwähnt wird, galt Thjalfi als einer der schnellsten unter den Menschen. Er war schnell zu Fuß und konnte viele Rennen gewinnen. Thor beauftragte den jungen Mann, seine Tasche zu tragen, die alle Vorräte und Ressourcen enthielt, die der Gott auf seinen Reisen benötigte.

Und so setzten Thor und Loki mit den beiden jungen Dienern im Schlepptau ihre Reise in das Land der Riesen fort. Sie ließen den Streitwagen zurück und verließen das Gehöft zu Fuß. Die vier Reisenden machten sich auf den Weg nach Osten, wo sie den großen Ozean überqueren und durch gefährliche Flüsse waten mussten. Sie setzten ihre Reise fort, bis sie einen dichten Wald erreichten. Als sie dort ankamen, wurde es bereits dunkel, und die Sonne wurde durch das schwache Licht des Mondes ersetzt.

„Lasst uns ausruhen", schlug der Donnergott vor, nachdem sie den ganzen Tag von Midgard nach Jötunheim gereist waren.

Im Mondlicht suchten die vier Reisenden nach einem sicheren Ort, an dem sie die Nacht verbringen konnten. Man schlief nicht im Freien, vor allem nicht, wenn das Land von barbarischen Riesen bewohnt war. Nachdem sie eine ganze Weile in der Wildnis herumgeirrt waren, stießen sie auf eine seltsam aussehende Halle. Das Gebäude war massiv, ebenso wie der Eingang. Die Tür war so breit, dass sie sich von einem Ende des Gebäudes bis zum anderen erstreckte. Thor und seine Gefährten bemerkten, dass es schon spät war, und so betraten sie die merkwürdige Halle, um sich auszuruhen.

Während sie tief und fest schliefen, weckte ein lautes, schreckliches Geräusch den rotbärtigen Gott. Es war Mitternacht, und das Geräusch wurde von Sekunde zu Sekunde lauter. Bald darauf folgte dem schrecklichen Geräusch ein Erdbeben. Das ganze Gebäude bebte, und es schien, als ob die Wände gleich einstürzen würden. Thor witterte die Gefahr, sprang auf und rüttelte seine drei Begleiter aus dem Schlaf, bis sie endlich begriffen, was vor sich ging.

„Wir müssen auf der Hut sein", sagte der Donnergott. „Sucht euch einen sichereren Ort!" Sie stolperten durch die Dunkelheit, während der schreckliche Lärm und die Erdbeben weitergingen. Dann fanden sie sich vor einer weiteren Kammer wieder, die eng und so dunkel wie der Wald draußen war.

Loki und die beiden jungen Geschwister krabbelten hinein und setzten sich auf den Boden, am ganzen Körper zitternd, voller Angst vor dem, was als Nächstes passieren würde. Thor versicherte seinen Gefährten, dass sie in Sicherheit waren, während er zum Eingang ging und die ganze Nacht über Wache hielt. Bald ging die Sonne auf, und man hörte leise das Zwitschern der Vögel. Thor erhob sich und ging zum breiten Eingang, um nach der Quelle des schrecklichen Lärms und der Erdbeben zu suchen, die sie in der Nacht erschreckt hatten.

Als Thor ins Freie trat, sah er zu seinem Erstaunen einen Riesen mitten im Wald schlafen. „Endlich!", rief er leise aus, während er Mjölnir fest in der Hand hielt. Seit dem Beginn der Reise hatte Thor nach einem Riesen gesucht, den er töten konnte, und endlich hatte er einen gefunden.

Der Riese schlief noch immer, als Thor plötzlich etwas Vertrautes hörte. Es war das Schnarchen des Riesen, das den schrecklichen Lärm verursacht hatte, und sein Schnarchen hatte auch die Erdbeben verursacht. Der Riese atmete so stark aus, dass selbst die größten Berge erzitterten. Thor war bereit, den schlafenden Riesen anzugreifen, und näherte sich ihm langsam mit dem Hammer im Anschlag. Kurz bevor der rotbärtige Gott Mjölnir heben und dem Jötunn den Schädel einschlagen konnte, öffnete der gewaltige Riese seine Augen. Er kam so langsam auf die Beine wie ein verkrüppelter alter Mann und starrte den Blitzgott ausdruckslos an. Im Gegensatz zu den anderen Jötnar, denen der Gott zuvor gegenübergestanden hatte, wirkte dieser überhaupt nicht bedrohlich. Tatsächlich sah er eher freundlich aus.

Und so nahm Thor seinen Hammer herunter. Er stellte sich mit den Händen auf die Hüfte und fragte nach dem Namen des Riesen. „Skrymir, so nennen sie mich", antwortete der Riese. Kurz bevor Thor sich stolz vorstellen konnte, schaltete sich der Riese ein: „Ich kenne dich! Du bist der mächtige Thor von Asgard." Skrymir drehte sich um und schaute zu seiner Seite, wo sein riesiger Handschuh lag. Er ging hinüber und schnappte ihn sich, aber nicht bevor Loki und die beiden Geschwister aus ihm herausgeklettert waren. Die ganze Zeit über hatten die Reisenden im Inneren des Handschuhs des Riesen Schutz gesucht, und die Kammer, über die sie während des Erdbebens gestolpert waren, war eigentlich der Daumen des Handschuhs.

Darstellung der Begegnung von Skrymir mit den Göttern von Elmer Boyd Smith, 1902.

Nachdem der Riese mit allen Reisenden Bekanntschaft gemacht hatte, fragte er, wohin sie unterwegs seien. Thor erklärte ihm, dass sie auf dem Weg nach Jötunheim seien. Skrymir bot ihnen daraufhin an, ihnen auf dem Weg Gesellschaft zu leisten, und Thor stimmte zu, da er von dem fröhlichen Riesen keine Gefahr verspürte. Bevor sie sich an diesem Tag auf den Weg machten, hielt Skrymir die Reisenden plötzlich an, denn er hatte bemerkt, wie schwer es für die kleinen Wesen war, ihre Taschen zu schleppen.

„Es wird eine lange Reise werden. Das Mindeste, was ich tun kann, ist, euren Proviant für euch zu tragen. Hier, ihr könnt sie in meine Tasche stecken", bot der freundliche Riese an. Da Thor nicht mehr viel zu essen hatte, willigte er ein und reichte Skrymir seinen Proviant. Dann band der Riese seinen Sack zu und hob ihn über seinen Körper, bevor er in Richtung Jötunheim ging.

Nach einem ganzen Tag des Wanderns und dem Versuch, mit Skrymirs großen Schritten Schritt zu halten, waren die Reisenden erschöpft und fanden eine Eiche, unter der sie sich ausruhten. Der Riese hatte ebenfalls um Ruhe gebeten, weil er ein Nickerchen brauchte, bevor sie das Abenteuer fortsetzen konnten. „Ihr braucht etwas zu essen", sagte der Riese, während er seine riesige Tasche auf den Boden stellte. „Nehmt euch ruhig eure Vorräte", sagte er, bevor er in Richtung eines Haufens Moos und Büsche ging. Sobald der Riese einschlief, schnarchte er fürchterlich.

Thor schüttelte den Kopf und ging zu dem Sack des Riesen hinüber, um sich und seinen Begleitern etwas zu essen zu holen. Der Gott versuchte, den riesigen Sack zu öffnen, aber der Knoten war so fest, dass Thor ihn nur einen Zentimeter weit aufmachen konnte. Der kurzatmige Gott versuchte dann erneut, den Knoten mit aller Kraft zu lösen, was ihm jedoch nicht gelang. Seine Augen wurden rot, und sein Gesicht verzog sich. Er wurde unendlich wütend, denn seine Versuche schienen vergeblich zu sein. Thor war sich sicher, dass der Riese dies absichtlich tat, damit seine Gefährten sein Scheitern sehen würden. Loki war da, und jeder wusste, dass der Schwindler es liebte, andere in Verlegenheit zu bringen.

Ohne zu zögern, schnallte Thor seinen Gürtel der Stärke um und griff nach seinem mächtigen Hammer. Er stapfte zu dem schlafenden Skrymir hinüber. Dann schwang der Donnergott seinen Hammer und schlug dem Riesen auf den Kopf. Der Schlag war so hart, dass Mjölnir fast im Schädel des Riesen versank. Skrymir jedoch hörte auf zu schnarchen und öffnete langsam eines seiner Augen. Er setzte sich aufrecht hin und sah sich um. Der Riese glaubte, ein Blatt sei ihm auf den Kopf gefallen. Thor, der daran gewöhnt war, Riesen mit einem einzigen Schlag auf den Kopf zu töten, war von der Reaktion des Riesen überrascht. „Hast du schon gegessen, Thor?" fragte Skrymir den verblüfften Gott. Thor ignorierte die Frage des Riesen und teilte ihm mit, dass sie sich unter einem anderen Baum in der Nähe schlafen legen würden.

Darstellung von Thor, der Skrymir angreift, während er schläft, von Ludwig von Maydell.
https://commons.wikimedia.org/wiki/File:Skr%C3%BDmir_by_Maydell.jpg

Während der Rest seiner Gruppe schlief, hielt Thor seine Augen offen. Er war verwirrt über das, was gerade geschehen war. Er schämte sich gleich doppelt. Einmal, weil es nicht schaffte, den Proviantbeutel des Riesen zu öffnen, und auch, weil sein Schlag danebenging. Endlich konnte der Donnergott seine Wut abschütteln und versuchte, sich etwas auszuruhen, was aber leider nur bis Mitternacht gelang. Skrymirs Schnarchen hallte durch den Wald, und wieder bebte der Boden. Der Gott war wütend, also griff er erneut nach seinem Hammer und stapfte auf den Riesen zu.

In dem Wunsch, denselben Fehler nicht noch einmal zu begehen, hob Thor Mjölnir in die Höhe. Er verdoppelte seine Kraft und schlug mit voller Wucht auf Skrymirs Schädel ein. Dieses Mal wachte der Riese erschrocken auf. „War das eine Eichel, die mir auf den Kopf gefallen ist?", fragte der Riese leise. Wieder war er erschrocken, als er Thor neben sich sah. „Ist alles in Ordnung, mein Freund? Was tust du hier?", fragte der Riese ratlos.

Thor klappte die Kinnlade herunter und sagte nur, dass er sich wieder schlafen legen würde. Doch der Gott konnte den Riesen nicht einfach gehen lassen, vor allem, wenn sein mächtiger Schlag für eine Eichel gehalten wurde, die vom Baum gefallen war. Also wartete er darauf, dass Skrymir wieder einschlief, und als er das geschehen war, hob Thor seine mächtigen Hammer in einem weiteren schweren Schlag. Er schlug auf die Schläfe des Riesen ein, bis ein dumpfes Geräusch durch den dichten Wald hallte. Der Gott hatte schon viele Kämpfe gegen Riesen bestritten und keiner von ihnen hatte jemals seinen mächtigen Hammerschlag überlebt. Es gibt heute sogar eine Statue von ihm in Odense, Dänemark, die seinen Kampf darstellt. Thor war sich also sicher, dass er diesmal alles richtig gemacht hatte und dass Skrymir sein Schicksal ereilt hatte.

Doch zu Thors Enttäuschung öffnete Skrymir die Augen und kratzte sich ein wenig am Kopf. „Ich nehme an, dass auf diesen Bäumen Vögel nisten, denn ich spüre, wie ihre Federn auf mich fallen." Dann blickte er zu Thor, der wieder neben ihm stand. „Du schläfst wohl nicht gut, mein Freund", sagte Skrymir, bevor er nach seiner großen Tasche griff und sich zu seiner vollen Größe erhob. „Komm jetzt mit. Wir sind fast da."

Als sie sich dem Land der Riesen näherten, wandte sich Skrymir dem Donnergott zu und gab ihm einen Rat. Er behauptete, dass die Riesen in der Festung, oder Utgard, wie manche das Land lieber nannten, viel größer und stärker waren als er selbst. „Haltet also die Augen offen und vermeidet es, euren Stolz zu zeigen", sagte der freundliche Riese, bevor er Thor und seine Gefährten verließ und seine Schritte zurück in den dichten Wald lenkte. Vor allem Thor war erleichtert, dass der Riese sie verlassen hatte, und er hoffte inständig, dass sie sich nie wieder über den Weg laufen würden.

Erst gegen Mittag erreichten die vier Reisenden schließlich die Festung des Riesen. Es war eine riesige Stadt mit hohen Toren, die unerwünschte Fremde vom Eindringen abhielten. Wie sie erwartet hatten, waren die Tore verschlossen, und die Vorhängeschlösser waren so groß, dass der Donnergott sie unmöglich aufbrechen konnte. Die Lücken zwischen den Gittern waren jedoch breit genug, dass die Götter und die beiden jungen Geschwister hindurchschlüpfen konnten. Thor hielt diese Idee für unehrenhaft, aber es blieb ihm keine andere Wahl. Und so schlängelten sie sich zwischen den Gitterstäben hindurch und befanden sich im Inneren von Utgard. Sie machten sich auf den Weg zur großen Halle, wo sie von einer Schar riesiger Riesen umgeben waren, die noch größer waren als Skrymir und die anderen, die Thor zuvor getroffen hatte.

Thor erinnerte sich an Skrymirs Rat, seinen Stolz zu zügeln, und ging zum Ende des Saals, wo der König der Riesen ruhig auf seinem Thron saß. Der rotbärtige Gott war unter den Riesen von Jötunheim natürlich gut bekannt, weshalb der Riesenkönig ihn sofort erkannte. „Du bist also der mächtige Thor aus Asgard?" Er blickte den Gott an. „Ich habe schon viele Geschichten über deine Macht gehört, aber dass du so klein bist, hätte ich nicht erwartet." Thor starrte ihn nur an. „Komm jetzt! Lass uns sehen, aus welchem Holz du und deine Gefährten geschnitzt sind. Wie wäre es mit ein paar Herausforderungen?"

Loki trat vor und prahlte mit seinen Fähigkeiten. Er behauptete, er könne schneller Nahrung verschlingen als jeder andere Mensch, Riesen eingeschlossen. Manche sagen, dass der Trickser-Gott so hungrig war, dass er sich auf diese Weise eine warme Mahlzeit ergattern wollte, während andere meinen, dass Loki seine Würde und die seiner Gefährten retten wollte. Dennoch nahm der Riesenkönig, der sich Utgarda-Loki nannte, die Herausforderung an und schickte einen seiner Artgenossen, um sich dem Schwindler zu stellen. Lokis Gegner wurde Logi (Feuer) genannt. Zwischen den beiden befand sich ein riesiger Trog mit Fleisch. Die Herausforderung war einfach, und zwar, dass derjenige gewinnt, der als Erster das Fleisch verschlingt und die Mitte des Troges erreicht. Und so verschlangen sowohl Loki als auch Logi das Fleisch so schnell sie konnten und erreichten die Mitte zur gleichen Zeit. Aber Logi bekam den Punkt, weil er auch alle Knochen und den riesigen

Teller selbst verschlungen hatte.

„Einer von euch könnte doch sicher etwas gewinnen", spottete Utgarda-Loki über die Reisenden, nachdem Loki verloren hatte. Die nächste Herausforderung war ein Rennen zwischen Thjalfi und einem anderen Wesen namens Hugi (alt). Sie begaben sich dann zum Startpunkt außerhalb der Halle. Obwohl Thjalfi als schneller Läufer galt, erwies sich Hugi als noch schneller. Als Hugi die Ziellinie erreicht hatte, konnte Thjalfi auf halbem Weg stehen bleiben, um seinem Gegner nachzusehen. Das zweite Rennen verlor Thjalfi mit großem Vorsprung, und auch das dritte Rennen verlor er. Wieder lachte Utgarda-Loki, aber obwohl Thjalfi das Rennen verloren hatte, sagte Utgarda-Loki, er sei der schnellste Mensch, den er je gesehen habe.

Als Nächstes wurde Thor herausgefordert, die Ehre seiner Truppe wiederherzustellen. Er konnte die Tatsache nicht akzeptieren, dass sowohl Loki als auch Thjalfi gegen den zynischen Riesenkönig verloren hatten. Daraufhin fragte Utgarda-Loki Thor, was er am besten könne, um seine Macht zu beweisen. Schließlich hatten alle Riesen über ihn gesprochen. Der Donnergott sagte dem Riesenkönig, dass er besser Met trinken könne als alle anderen Anwesenden in der Halle. Als er die Größe des rotbärtigen Gottes sah, brach Utgarda-Loki in lautes Gelächter aus. „Nun gut", sagte er, bevor er seinem Diener befahl, ein riesiges Horn zu holen, das die Riesen zum Trinken benutzten. „Wenn du den Met in einem Zug austrinken kannst, wirst du als großer Trinker gepriesen werden. Wenn du ihn in zwei Zügen austrinken kannst, giltst du als anständig, aber wenn du den Met nicht einmal in drei Zügen austrinken kannst, dann habe ich keine Worte für dich, mächtiger Thor."

Thor griff nach dem Horn und trank einen großen Schluck Met, aber als er aufhörte, um nachzusehen, wie viel er getrunken hatte, stellte er fest, dass kaum etwas von dem Getränk verschwunden war. Der Gott wollte nicht aufgeben und trank noch einmal, diesmal mit aller Kraft. Die Menge nahm merklich ab, aber es war immer noch eine Menge zu trinken übrig. Der Donnergott nahm einen großen, tiefen Atemzug und trank den Met erneut, bis er nicht mehr konnte. Er warf einen Blick in das Horn, und obwohl sich die Menge noch weiter verringert hatte, war immer noch mehr als die Hälfte davon übrig. Obwohl Thor vor Wut schäumte, gab er schließlich auf.

Utgarda-Loki hatte eine weitere Herausforderung im Sinn, die speziell auf den mächtigen Gott zugeschnitten war. Thor sollte die riesige Königskatze vom Boden aufheben. Die monströse Katze wurde sofort in die Halle gebracht. Sie war grau und hatte Augen so gelb wie die brennende Sonne selbst. Thor näherte sich der abscheulichen Kreatur und versuchte mit all seiner Kraft, sie vom Boden zu heben. Je stärker der Gott versuchte, sie anzuheben, desto stärker krümmte die Katze ihren Körper und versuchte, auf dem Boden zu bleiben. Thor setzte erneut seinen ganzen Körper ein, um die geheimnisvoll starke Katze anzuheben, und dieses Mal hob sich eine ihrer Pfoten vom Boden ab. Das war jedoch alles, was Thor fertigbrachte, denn die anderen drei Beine der Katze standen immer noch auf dem Boden, als wären sie festgeklebt.

Der Riesenkönig amüsierte sich über den Anblick von Thor, der sich so sehr abmühte, eine Katze anzuheben. „Ich nehme an, meine Katze ist zu schwer für dich, Donnergott?"

Thor war kurz davor, nach Mjölnir zu greifen, aber er hielt sich zurück. „Wenn ihr Riesen so stark sein sollt, dann kommt her und ringt mit mir!", rief der Donnergott.

„Ringen ist nichts als ein Kinderspiel, Meister Thor. Keiner meiner Männer würde das tun wollen! Aber gut, ich habe jemanden im Sinn, der gegen dich antreten könnte." Utgarda-Loki rief seine Dienerin Elli herbei, deren Name einfach Alter bedeutet.

Thor fühlte sich beleidigt, denn Elli war eine verkrüppelte alte Frau. Sogar ihr Rücken war furchtbar gekrümmt, und ihr Gesicht war voller Falten. Als Elli sich dem Gott zum ersten Mal näherte, weigerte sich Thor, mit ihr zu ringen, und behauptete, er würde niemals eine Frau verletzen, schon gar nicht eine, die extrem alt und gebrechlich sei. Doch die alte Frau verspottete den Gott immer wieder, und die Halle war erfüllt von dem Gebrüll der Riesin, dass der mächtige Gott überhaupt nicht würdig sei. Und so stürzte sich Thor auf die alte Frau und schlang seine dicken Arme fest um ihren verkrüppelten Körper, in der Hoffnung, sie vor Schmerz schreien zu hören. Doch die Frau stand regungslos da, ohne jede Regung. Wütend zog Thor seinen Griff noch fester an, so dass ihre Rippen brachen, aber die alte Frau rührte sich immer noch nicht.

Als es für Elli an der Zeit war, zuzuschlagen, genügte ein einziger Angriff, um den Donnergott in die Knie zu zwingen. Man sagte, die Arme der alten Frau seien so hart wie ein dicker Baumstamm. Und so verlor Thor eine weitere Herausforderung.

„Das ist genug für heute Abend. Keine weiteren Herausforderungen", bestimmte Utgarda-Loki, als der Ringkampf beendet war. „Lasst uns gemeinsam feiern. Du und deine Gefährten können die Nacht hier verbringen und am frühen Morgen die Rückreise antreten." Trotz all der Beleidigungen gab der Riesenkönig Thor und seinen Gefährten das Beste, was er ihnen bieten konnte.

Am nächsten Morgen waren die vier Reisenden bereit, sich auf den Weg zurück nach Asgard zu machen. Utgarda-Loki führte sie aus dem Saal, und in diesem Moment gestand der Riesenkönig seine Tricks. Es zeigte sich, dass Skrymir, der Riese, dem sie im Wald begegnet waren, in Wirklichkeit Utgarda-Loki selbst war. Der Riesenkönig erzählte dem Donnergott, dass seine Kraft in der Tat gewaltig sei, da der riesige Proviantbeutel, den er zu öffnen versuchte, aus magischem Eisen geschmiedet war. Die Tatsache, dass Thor es geschafft hatte, ihn um einen Zentimeter zu öffnen, war also sehr beeindruckend. Zu den Hammerschlägen, die Thor ihm zugefügt hatte, erklärte Utgarda-Loki, dass er allen drei Schlägen erfolgreich ausweichen konnte und dass der Gott statt seines Schädels den Berg getroffen hatte und dadurch drei Täler entstanden waren. „Wäre es mir nicht gelungen, deinen mächtigen Schlägen auszuweichen, wäre ich vielleicht schon tot gewesen", sagte der Riesenkönig.

Das Gleiche galt für die Herausforderungen, denen sich die Reisenden in der Nacht zuvor gestellt hatten. Utgarda-Loki hatte bei allen Magie angewandt. Lokis Leistung bei seiner Herausforderung war bemerkenswert, da er gegen das Feuer selbst antrat, während Thjalfi gegen die Gedanken antrat, etwas, dem man unmöglich entkommen kann. Was Thor betrifft, so war das Horn, aus dem er trank, mit dem großen Ozean verbunden. „Du hast die Gezeiten gesenkt, gleich nachdem du aus diesem Horn getrunken hast", erklärte Utgarda-Loki. „Was die Katze angeht, mein mächtiger Thor, so hast du versucht, die Weltschlange selbst zu heben." Sogar die Riesen waren erstaunt, als sie sahen, wie Thor eines der Beine der Katze anhob. Nicht zuletzt waren die Riesen erstaunt, wie lange der Gott während des Ringkampfes durchgehalten hatte, denn in Wirklichkeit kämpfte Thor gegen das Alter.

„Jetzt, wo du die Wahrheit kennst, warne ich dich, nie wieder in unser Land zu kommen." Der Riesenkönig blickte den Donnergott ernsthaft an. Nachdem er von den Tricks und Täuschungen der Riesen erfahren hatte, rötete sich Thors Gesicht, und er war außer sich vor Wut. Er schnappte sich Mjölnir und wollte Utgarda-Loki töten und seine gesamte Festung zerstören. Doch in dem Moment, als er sich umdrehte, war der Riese nicht mehr zu sehen, und seine gewaltige Burg war verschwunden. Zurück blieben vier Reisende, die wütend und verwirrt waren.

Kapitel 15 - Thor und Mjölnir

Mjölnir war eine mächtige Waffe, die keinem Geringeren als Thor gehörte, dem mächtigen Beschützer von Asgard und Midgard. Mit Mjölnir in der Hand hatte der Donnergott Tausende von Riesen besiegt, die seinen Götterkollegen den Untergang bringen wollten, ohne ein einziges Opfer zu fordern. Doch der Hammer diente nicht nur der Zerstörung und dem Töten, sondern der mächtige Gott brauchte ihn auch, um seine beiden magischen Ziegen wieder zum Leben zu erwecken.

Da Mjölnir eine Waffe der Macht war und als göttliches Instrument fungierte, war er dem Donnergott bei fast allen seinen Abenteuern in den Welten eine große Hilfe. Er war zweifellos Thors wertvollster Besitz, und er hatte ihn Loki zu verdanken. Der Hammer war ursprünglich von den Zwergen geschmiedet worden, und es war Loki, der ihn angefordert hatte. Alles begann damit, dass der Schwindler Thors Frau Sif einen Streich spielte, indem er ihr das goldene Haar abschnitt, woraufhin Thor drohte, ihm jeden einzelnen Knochen zu brechen, sollte er die Schönheit seiner Frau nicht wiederherstellen.

Auf der Reise nach Svartalfheim gelang es Loki, die Söhne von Ivaldi dazu zu bringen, einen goldenen Kopfschmuck für Sif zu schmieden. Das war jedoch nicht das Einzige, was er von den Zwergen erhielt, denn er hatte auch um den Speer namens Gungnir und das Schiff namens Skidbladnir gebeten. Der Schwindler wollte sie den Göttern schenken, und die Zwerge erklärten sich bereit, sie herzustellen und ihn mit allen drei magischen Schätzen nach Asgard zurückkehren zu lassen. Bevor Loki jedoch das Reich der Zwerge verließ, heckte er wieder einen seiner schelmischen Pläne aus. Er beschloss, in der Halle von Brokk und Eitri vorbeizuschauen, zwei anderen Schmiedemeistern und Rivalen der Söhne von Ivaldi.

Als sie am Eingang der großen Halle ankamen, erhoben sich die beiden Zwerge schnell und gingen auf den Schwindler zu. Sie bemerkten die drei Gegenstände, die Loki bei sich trug, und waren schnell verärgert, da sie wussten, dass die Gegenstände alle von ihren Rivalen geschmiedet worden waren. Als Loki die negative Reaktion der beiden Geschwister bemerkte, grinste er und begann, sie zu verspotten. „Was haltet ihr von der Kunstfertigkeit dieser Gegenstände?", fragte der schlaue Gott. „Habt ihr schon einmal ein besseres Werk gesehen?"

„Natürlich. Unsere sind besser. Die Besten sogar!" antwortete Brokk.

„Ihr glaubt also, dass ihr noch feinere Dinge als diese herstellen könnt?", fragte der Schwindler. Die Zwerge warfen ihm einen Blick zu und fuhren fort, unverblümt mit ihren exquisiten Schmiedekünsten zu prahlen.

„Wie wäre es dann mit einer Wette? Schmiedet mir drei Gegenstände, die besser sind als diese, und mein Kopf gehört euch", sagte Loki und setzte einen Einsatz, der so hoch war, dass die Zwerge sofort zustimmten. Und so begannen die beiden Geschwister, die für ihr Handwerk benötigten Rohstoffe zu holen, während Loki mit einem Horn voll Met zurückblieb, um seinen Durst zu stillen. Die Schmiedemeister hatten dem Gott strengstens befohlen, nichts zu tun, außer herumzusitzen und zu warten, bis sie mit ihren feinen Arbeiten fertig waren.

Kurze Zeit später stieg Rauch aus dem Ofen auf, in den Brokk Dutzende von Holzstücken geworfen hatte. Eitri hingegen arbeitete an einer Rolle Golddraht, bevor er sich dem Schweinsleder zuwandte. Brokk begann, den Blasebalg zu pumpen, und Eitri warnte ihn, er solle nicht aufhören, bis er zurückkam, sonst würde das Stück nicht so perfekt werden, wie sie es geplant hatten. Der Gott des Unfugs hörte dies und verwandelte sich sofort in eine Mücke. In seiner neuen Gestalt flog er auf Brokks raue Hand und stach ihn. Der Zwerg war jedoch so sehr auf das Pumpen des Blasebalgs konzentriert, dass er den Biss gar nicht bemerkte. Bald kehrte Eitri zurück und holte mit einer Eisenzange den neu gefertigten Schatz aus der brennenden Schmiede. Es handelte sich um Gullinbursti, einen goldenen Eber mit der Fähigkeit, durch die Luft und über das Meer zu laufen.

Als Nächstes arbeiteten die Zwerge an einem exquisiten Goldklotz. Wieder sagte Eitri zu Brokk, er solle weiter pumpen, bis er zurückkam. Auch Loki hörte Eitris Warnung und verwandelte sich erneut in eine Mücke. Diesmal flog sie auf Brokks verschwitzten Hals und stach ihn doppelt so stark. Diesmal spürte der Zwerg den Stich, und er zuckte zurück, aber seine Hände pumpten weiter den Blasebalg. Die Zeit verging, und schließlich kehrte Eitri zurück. Er zog das Gold aus der Schmiede, und es wurde zu Draupnir, einem goldenen Ring, der sich in jeder neunten Nacht in acht weitere Ringe mit demselben Gewicht vervielfältigen konnte.

Zu guter Letzt arbeiteten die Zwerge an einem großen Haufen schweren Eisens. Sie warfen es in den Ofen, holten es heraus, hämmerten es in Form und formten seine Seiten. Dann wurde Brokk wie zuvor damit beauftragt, den Blasebalg zu bedienen, bis Eitri zurückkehrte. „Wir können es nicht riskieren, ihn zu beschädigen, denn es ist unmöglich, ihn zu reparieren", rief er aus, bevor er Brokk seiner Aufgabe überließ. Als er hörte, wie ernst es Eitri war, verwandelte sich Loki natürlich wieder in eine Mücke und landete zwischen Brokks Augen. Er stach ihn mit aller Kraft, bis ein Strom von Blut über die breite Stirn des Zwerges und in seine Augen floss. Brokk ließ den Blasebalg nur kurz los, um sich das Blut abzuwischen, das seine Sicht behindert hatte, aber der Schaden war bereits angerichtet. Eitri kam zum Ofen gelaufen, und als er das letzte Stück herausnahm, konnte er nur enttäuscht den Kopf schütteln. Es handelte sich um den mächtigen Hammer Mjölnir. Der Defekt war an seinem Stiel zu erkennen, welcher ziemlich kurz war, aber seine Kraft war dennoch gewaltig. Man konnte den Hammer in verschiedene Richtungen werfen, und er kam immer zurück.

Als die beiden Geschwister sahen, dass nur der Stiel betroffen war, waren sie erleichtert. Mit stolzen Gesichtern übergaben sie die drei magischen Gegenstände an Loki. „Lasst uns nach Asgard reisen und sehen, wessen Handwerkskunst besser ist", prahlte Brokk.

In Asgard angekommen, gingen Loki und Brokk direkt in die Halle, in der die Götter versammelt waren. Loki überreichte die ersten drei Gegenstände. Er schenkte Sif das goldene Haar, der mächtige Speer ging an den Allvater und das magische Schiff an Frey. Als Nächstes trat Brokk vor und überreichte seine und Eitris drei Gegenstände. Freyr erhielt das goldene Wildschwein, und der Ring von Draupnir wurde dem Allvater geschenkt. Zu guter Letzt überreichte Brokk dem Donnergott Mjölnir. Thor hob den schweren Hammer und bewunderte seine exquisite Handwerkskunst. Alle Götter in der Halle waren beeindruckt und verblüfft von seiner zerstörerischen Kraft, so dass sie sich nicht einmal um seinen kleinen Mangel, den seltsam kurzen Griff, kümmerten.

Nachdem alle Geschenke überreicht worden waren, tauschten die drei Götter einen Blick miteinander aus und waren sich sofort einig, dass Mjölnir das beste Stück war, das sie je gesehen hatten. „Es scheint, als ob du dem Zwerg deinen Kopf schuldest, Loki", sagte der Allvater. Schließlich erkannte Loki, dass sein Einsatz tatsächlich zu hoch war, und er verschwand aus dem Saal, um seiner eigenen Wette zu entgehen.

Thor war Brokk zu Dank verpflichtet, weil er ihn mit einer so großen Waffe geehrt hatte, und so sprang er sofort auf und jagte dem Betrüger hinterher. Es dauerte nur wenige Augenblicke, bis der Donnergott in die Halle zurückkehrte und Loki hinter sich her schleifte.

„Warte!", rief der Schwindler. „Ich habe zwar auf meinen Kopf gewettet, aber nicht auf meinen Hals!"

Brokk sah ihn an, irritiert darüber, dass der Schwindler wieder einmal die Oberhand behalten hatte. „Gut. Dann würde ich dir gerne die Lippen zusammennähen, Loki. Dann kannst du aufhören, falsche Hoffnungen zu verbreiten!"

Am Ende nähte der Zwerg Loki die Lippen fest zu, aber nur für kurze Zeit. Als Brokk ging, rannte der schelmische Gott aus der großen Halle und riss sich die Lederfäden aus den Lippen.

Seit Thor mit Mjölnir beschenkt worden war, ging er fast nie mehr ohne ihn auf Reisen. Selbst die Götter sahen ihn selten ohne seine mächtige Waffe an der Hüfte herumlaufen. Während die Götter Mjölnir sehr schätzten, da er Thor half, ihre Stadt vor allen möglichen Bedrohungen zu schützen, konnte man das von den Riesen nicht behaupten. Der Hammer war bei den Jötnar sehr bekannt, aber nur, weil viele ihrer Artgenossen durch ihn getötet worden waren. Nur wenige von ihnen würden es wagen, sich der wertvollen Waffe des Donnergottes zu nähern, geschweige denn sie zu stehlen, bis auf einen.

An einem schönen Morgen wurde Asgard von einem weiteren Wutanfall des rotbärtigen Gottes erschüttert. Thor war aufgewacht, weil sein Hammer verschwunden war. Er durchsuchte seine gesamte riesige Halle und stürmte durch eine Tür nach der anderen, aber Mjölnir war nirgends zu finden. Je mehr Zeit verging, desto wütender wurde der Gott, und plötzlich kam ihm jemand in den Sinn: Loki. „Wer sonst könnte mir einen so furchtbaren Streich spielen?" dachte Thor. Und so schrie er den Namen des Schwindlers so laut, wie er konnte, bis das Grollen des Donners von denen, die unten in Midgard waren, gehört werden konnte.

Der mächtige Gott verließ seine Halle und ging zu dem Schwindler. „Was ist passiert, Thor?" fragte Loki. Er sah ausnahmsweise ratlos aus. Der Donnergott erklärte wütend, dass sein Hammer fehlte, und zeigte mit dem Finger auf den Schwindler, denn er war überzeugt, dass Loki hinter diesem Unfug steckte. „Diesmal nicht", antwortete Loki. „Aber ich glaube, ich weiß, wer deinen wertvollen Hammer hat. Aber lass uns zuerst Freyja in ihrer Halle besuchen."

Die beiden Götter trafen sich daraufhin mit Freyja in ihrer gewaltigen Halle, wo Loki darum bat, ihr magisches Federkleid ausleihen zu dürfen. Als die Göttin erfuhr, was geschehen war, übergab sie Loki das Kleid ohne weitere Fragen. Mit seiner Hilfe verwandelte sich Loki in einen Falken und begann seine Reise in das kalte, neblige Land der Riesen.

Als Loki in Jötunheim ankam, kreiste er über dem Himmel auf der Suche nach dem Schuldigen. Wenige Augenblicke später erblickte er einen riesigen Frostriesen, der auf einem Grabhügel saß und sich um seine vielen Hunde und Pferde kümmerte. Der Riese war unter dem Namen Thrym bekannt.

„Warum bist du in unser kaltes Land gekommen?" fragte Thrym, als er Loki sah, der sich ihm so eilig näherte. Als der Schwindler ihn nach Mjölnir fragte, lachte der Riese und gab zu, dass er den Hammer gestohlen hatte. „Ich habe ihn acht Meilen unter der Erde versteckt, damit er von Leuten wie dir nie wieder gefunden werden kann", sagte der Riese.

„Jeder hat seinen Preis, Thrym. Nenne deinen, und ich werde ihn zahlen."

Der Frostriese schenkte Loki ein Grinsen. „Die schönste Göttin in Asgard", antwortete er verschmitzt. „Ich will Freyjas Hand, und im Gegenzug gebe ich den Hammer seinem Besitzer zurück."

Kurz darauf kehrte Loki mit der schlechten Nachricht über den Verbleib von Mjölnir in die befestigte Stadt der Götter zurück. Die Nachricht ließ Thor in Wut ausbrechen. Er war nicht erfreut darüber, dass es einem Riesen gelungen war, seinen kostbaren Hammer zu stehlen. Dann wandte sich der Donnergott an Freyja und bestand darauf, dass sie sich sofort ein Hochzeitskleid anziehen sollte. „Wenn Freyja diejenige ist, die der Riese will, dann soll es so sein", rief er grob aus.

Die Göttin antwortete mit einem Schnauben. „Wie grässlich!" Es stellte sich heraus, dass Thor nicht der Einzige war, der wütend war, denn die Halle begann zu beben, als Freyja sich heftig gegen die Idee wehrte. Da die beiden wütenden Götter keine bessere Lösung finden konnten, beschlossen sie, ein Konzil abzuhalten, um die Angelegenheit mit den anderen Göttern Asgards zu besprechen.

„Ich habe eine Idee", sagte Heimdall, der strahlende Gott, und trat vor. Er schlug vor, dass sie der Bitte des Riesen nachkommen sollten, nur dass Freyja nicht nach Jötunheim gehen sollte. Anstelle der schönen Göttin bat er Thor, das Hochzeitskleid anzuziehen. Der rotbärtige Gott war mit Heimdalls absurdem Vorschlag natürlich ganz und gar nicht einverstanden. Für einen starken Gott wie ihn war es nicht männlich, das Kleid einer Frau anzuziehen.

„Nun, hast du eine andere Idee, Thor? Thrym ist ein harter Gegner, selbst für dich. Ich nehme nicht an, dass du dich ihm ohne deinen mächtigen Hammer stellen willst?" Thor schwieg, aber er war sich immer noch nicht sicher über die Idee.

„Tragt meine Halskette. Das sollte den Riesen davon überzeugen, dass ich diejenige unter dem Hochzeitsschleier bin", sagte Freyja.

„Und ich werde dich begleiten", sagte Loki, der sich freiwillig als Thors Magd verkleidete.

Der als Freyja verkleidete Gott Thor von Elmer Boyd Smith, 1902.

Nachdem der Plan gefasst war, zogen sich die beiden Götter um. Loki zog freudig ein Kleid an, während Thor sich nur widerwillig von Freyja und ihren Mägden einkleiden ließ. Das Hochzeitskleid war wunderschön mit Juwelen und Edelsteinen verziert. An Thors Taille baumelte ein Schlüsselbund, und an seinem Finger trug er einen kostbaren Ring. Um seinen Hals trug er Freyjas glänzende

Halskette, das Brisingamen. Während Loki problemlos als Magd durchgehen konnte, war Thors Verkleidung überhaupt nicht überzeugend, vor allem nicht mit seinem massigen Oberkörper und den grimmigen Augen und nicht einmal der feinste Schleier konnte sein rachsüchtiges Gesicht verbergen. Dennoch machten sich der rotbärtige Gott und seine Magd Loki nach der Verkleidung auf eine Reise nach Jötunheim, wobei sie auf Thors Wagen mit den magischen Ziegen ritten.

Als Thrym erfuhr, dass seine zukünftige Frau sich seiner Halle näherte, befahl der eifrige Riese seinen Dienern schnell, die Hochzeit vorzubereiten. Der Frostriese empfing die beiden Götter in Verkleidung mit einem großen Festmahl. Als seine Ehrengäste Platz genommen hatten, begann er, mit seinem Reichtum und seiner Stärke zu prahlen. Er behauptete, er besäße bereits alles auf der Welt, da er Freyja zur Frau habe. Doch als das Essen serviert wurde, war der Riese überrascht, dass seine Braut einen ungewöhnlichen Appetit hatte. Selbst in einem engen Hochzeitskleid verschlang Thor einen ganzen Ochsen, acht Lachse, die gesamte Hochzeitstorte und drei volle Fässer Met.

Loki, der befürchtete, dass der Riese Verdacht schöpfen könnte, fand eine Entschuldigung für Thors barbarisches Verhalten. „Verzeiht Herrin Freyja, mein mächtiger Thrym. Deine Braut war so begierig, dich zu sehen, dass sie seit acht Tagen nichts mehr gegessen hat!" Der Riese erzählte Loki, dass er noch nie einen solchen Appetit bei einer Frau gesehen hatte, aber er war in der Tat beeindruckt.

Loki war erleichtert, dass der Riese seiner Braut gegenüber nicht misstrauisch war, aber der Schwindler musste wieder schnell denken, als der Riese sich Thor plötzlich näherte, um ihn zu küssen. Als er sich dem Gesicht seiner Braut näherte, erschrak der Riese, als er unter dem Schleier zwei grimmige Augen sah, die ihn wütend anstarrten.

„Verzeiht meiner Herrin, mächtiger Thrym." Loki erhob sich sofort auf seine Füße. „Deine Braut war so aufgeregt, dich zu heiraten, dass sie acht Nächte hintereinander nicht schlafen konnte! Du solltest von allen in diesem Saal am besten wissen, was extreme Müdigkeit mit den Augen anstellen kann." Thrym war immer noch schockiert, aber er verdrängte es schnell.

Thor vernichtet den Riesen Thrym von Lorenz Frølich, 1906.

Später betrat Thryms ältere Schwester die Halle und trat vor Thor. Sie bat um ein Brautgeschenk, eine Gebühr, die die Braut und ihre Familie an den Mann, den sie heiraten sollte, zahlen mussten. „Nimm deinen goldenen Ring ab und gib ihn mir", befahl die Riesin grob. Gleichzeitig rief Thrym seine Diener herbei, um Mjölnir zu holen. Dann legte er den schweren Hammer auf den Schoß seiner Braut, um die Hochzeit zu segnen.

Als er seine kostbare Waffe wieder in Reichweite hatte, leuchteten Thors Augen auf, und er packte sie sofort an ihrem kurzen Knauf. Der rotbärtige Gott brach seine Rolle als Braut und schlug Thrym mit seinem Hammer den Schädel ein, bis der riesige Körper des Riesen leblos auf den Boden plumpste. Sein nächstes Ziel war die Riesin, die es wagte, nach dem goldenen Ring zu fragen. Anstelle eines Brautgeldes verpasste Thor ihr einen tödlichen Schlag direkt auf den Kopf. Mit zerrissenem Gewand fuhr der Gott fort, jeden Riesen in der großen Halle zu vernichten.

Als die Halle von Thrym leergefegt war, kehrten die beiden Götter nach Asgard zurück. Kein einziger Riese wagte es je, Thryms Fehler zu wiederholen, und Thor ließ Mjölnir nie wieder aus den Augen. Später entfaltete der Donnergott die ganze Macht von Mjölnir, als er während Ragnarök gegen die Weltenschlange kämpfte. Und als er schließlich an Jörmungandrs Gift starb, sollte

Mjölnir an seine Söhne Magni und Modi weitergegeben werden.

Da Mjölnir in der nordischen Mythologie als die mächtigste Waffe galt, ist der Hammer zu einem Symbol für Stärke und Macht geworden. Manche vermuten sogar, dass Mjölnir eine religiöse Bedeutung hat, da sein Symbol oft auf den Gräbern gefallener Krieger gefunden wurde, die auf dem Schlachtfeld gekämpft hatten.

Darstellung eines Mjölnir-Anhängers.
https://commons.wikimedia.org/wiki/File:Mjollnir.png

Im Mittelalter sah man die Wikinger und insbesondere diejenigen, die Thor offen verehrten, oft ein Amulett mit einem Anhänger in Form von Mjölnir tragen. Manche glaubten sogar, dass diejenigen, die den Anhänger trugen, Thors mächtigen Schutz erhielten und vor allen lebensgefährlichen Bedrohungen sicher seien.

Kapitel 16 - Baldurs Tod und Lokis Fesselung

„Östlich saß die Alte | im Eisengebüsch

Und fütterte dort | Fenrirs Geschlecht.

Von ihnen allen | wird eins das schlimmste:

Des Mondes Mörder | übermenschlicher Gestalt."

(Völuspá, Strophe 32, übersetzt von Karl Simrock)

Der Sohn Odins schritt stets mit einem strahlenden Lächeln durch die befestigte Stadt. Baldur war immer dafür bekannt, dass er Freude ausstrahlte, und seine sanfte Art, mit allen Wesen der Welt umzugehen, machte ihn zu einem besonderen Gott. Doch eines Tages bemerkten die Asen etwas anderes an dem strahlenden Gott, denn sein Gesicht war düster, und das Licht, das von ihm ausging, war schwach. Und so begannen die Götter, sein ungewöhnliches Verhalten zu hinterfragen. Baldur konnte es nicht länger zurückhalten und teilte ihnen mit, dass er von einem unheilvollen Traum geplagt wurde. „Es fühlt sich an, als sei mein Leben in Gefahr", sagte der strahlende Gott.

Die Götter wussten, dass sie Baldur um jeden Preis beschützen mussten. Nicht nur, weil er von vielen geliebt wurde, sondern auch wegen der Prophezeiung. Baldurs Tod war ein frühes Zeichen für Ragnarök. Da keiner der Asen seinen Traum deuten konnte, wählten sie Odin aus, um die Bedeutung dahinter zu entdecken.

Ohne weitere Zeit zu verlieren, bestieg der Allvater sein achtbeiniges Ross und galoppierte zum Totenreich. Als er dort ankam, entdeckte Odin, dass eine der Hallen des Totenreichs aufwändig hergerichtet war, als ob die Unterwelt einen ehrenvollen Gast empfangen wollte. Der einäugige Gott nahm eine seiner vielen Verkleidungen an und rief eine tote Seherin herbei, um seine Fragen zu beantworten.

„Dieser Saal, für wen ist er?", fragte der Allvater.

Eine Darstellung des unbesiegbaren Baldur von Elmer Boyd Smith, 1902.
https://commons.wikimedia.org/wiki/File:Each_arrow_overshot_his_head_by_Elmer_Boy d_Smith.jpg

„Wenn nur der beste Met auf dem Tisch steht und der feinste Thron vorbereitet ist, dann ist es sicher für Baldur!" erwiderte die Seherin und fuhr fort, dem verkleideten Odin alles über die Ereignisse zu erzählen, die noch bevorstanden: Baldurs Tod, seinen Mörder und die Person, die seinen Tod rächen würde. Sie hörte jedoch abrupt auf zu sprechen, als sie entdeckte, dass die Person vor ihr der Allvater selbst war.

Jetzt, da er die Bedeutung hinter Baldurs Vorahnung kannte, eilte der einäugige Gott schweren Herzens nach Asgard. Die anderen Götter Asgards waren entmutigt, als sie von Odins Entdeckung erfuhren. Eines Tages schickte Frigg ihre vielen Boten durch das ganze Reich, um von allen und jedem den Schwur einzufordern, dass sie ihrem geschätzten Sohn niemals etwas antun würden. Als die Boten mit den Eiden zurückkehrten, versammelten sich die Götter und amüsierten sich über Baldurs neue Immunität.

Abwechselnd griffen die Asen nach allem, was sie in die Finger bekamen, von Steinen bis zu Stöcken, Messern und Speeren, und warfen es auf den strahlenden Gott. Da alles und jeder einen Eid geschworen hatte, ihn niemals zu verletzen, blieb Baldur unversehrt, egal welche Gegenstände und Waffen auf ihn geworfen wurden.

Als Loki dies beobachtete, wurde er wütend. „Was ist so besonders an Baldur, dass er sich eine solche Immunität verdient hat", dachte er bei sich. Und so dachte er sich einen weiteren seiner Pläne aus.

Der Schwindler verwandelte sich in eine alte Dame und ging zu Frigg. Zuerst fragte er die Göttin, warum die Götter in der Halle lachten. Dann fragte er, ob die Göttin wirklich von allem und jedem in allen neun Reichen Eide einforderte. „Ja," antwortete Frigg, die nicht wusste, mit wem sie sprach. „Bis auf den Mistelzweig. Ich dachte nicht, dass sie meinem Sohn schaden könnte, also habe ich sie nie gebeten, einen Eid zu schwören." Lokis Augen leuchteten, denn er hatte die Antwort bekommen, die er gesucht hatte.

Schnell ging der Schwindler in den Wald und suchte nach Mistelzweigen. Als er genug gesammelt hatte, formte Loki einen Speer daraus. Mit einem finsteren Grinsen im Gesicht kehrte der schlaue Gott nach Asgard zurück und wandte sich an Baldurs blinden Bruder Hodr.

„Fühlst du dich ausgegrenzt, Hodr?" fragte Loki den blinden Gott.

„Nun, es gibt nichts, was ich tun kann, Loki. Ich kann nicht einmal sehen, geschweige denn auf etwas zielen."

Der Trickser reichte Hodr den Mistelspeer, den er selbst angefertigt hatte. „Nimm ihn. Ich werde deinen Arm so führen, dass du dein Ziel triffst. Auf diese Weise wirst du die Stärke deines

Bruders ehren können."

Es dauerte nicht lange, bis das Lachen durch völlige Stille ersetzt wurde. Der von Hodr geworfene und von Loki geführte Mistelspeer flog direkt in die Brust des strahlenden Gottes. Die Wunde war so tief, dass Baldur sofort tot zu Boden fiel.

Baldurs Tod war zu erwarten, aber niemand hätte gedacht, dass er so schnell eintreten würde. Sie hatten ihren geliebten Gott verloren, und damit hatten sie Ragnarök in Gang gesetzt. Anstatt tapfer im Kampf zu sterben, war der strahlende Gott kampflos gestorben, was ihm einen Platz in den düsteren Landen von Helheim einbrachte. Hodr hingegen wurde von einem anderen Sohn Odins, Váli, getötet (nicht zu verwechseln mit Lokis Sohn, der in einigen Quellen ebenfalls Váli genannt wird), genau wie die Seherin es vorausgesehen hatte. Man glaubte, dass Váli Baldur rächte, als dieser gerade einen Tag alt war.

Schweren Herzens bereiteten die Götter ein Begräbnis für ihren geliebten Gott vor. Sie verwandelten Baldurs Schiff, *Hringhorni*, in einen Scheiterhaufen und legten seine Überreste darauf. Das Begräbnis begann mit einer Prozession, an deren Spitze Freyr in seinem Wagen saß, der von Gullinbursti, seinem goldenen Eber, gezogen wurde. Hinter ihm folgten die Walküren, die den Allvater und seine Frau begleiteten. Heimdall folgte auf seinem Pferd, während Freyja auf ihrem Wagen ritt. Ganz hinten stand Thor, der zu Fuß unterwegs war, um den Scheiterhaufen zu weihen.

Als es an der Zeit war, *Hringhorni* zu Wasser zu lassen, taten sich die Götter schwer damit, da das Schiff so massiv war, dass es sich nicht rühren wollte. Die Asen waren gezwungen, eine Riesin namens Hyrrokkin herbeizurufen, um ihnen zu helfen. Die Riesin stieß das Schiff jedoch ein wenig zu stark an, so dass die Welt ins Wanken geriet. Das erzürnte Thor, aber Odin hielt ihn davon ab, nach seinem Hammer zu greifen und die Riesin zu töten.

Nanna konnte es nicht ertragen, ihren Mann leblos auf dem Schiff liegen zu sehen, und ihr Herz hörte plötzlich auf zu schlagen. Die Götter nahmen ihren Körper und legten ihre Überreste direkt neben den Körper ihres Mannes. Odin nahm dann seinen wertvollen Ring, Draupnir, und legte ihn auf den Scheiterhaufen, bevor er seinem toten Sohn ins Ohr flüsterte. Was der Allvater sagte, bevor er seinen Sohn in die Unterwelt schickte, ist unbekannt.

„Odins letzte Worte an Baldur" von W. G. Collingwood, 1908.
https://commons.wikimedia.org/wiki/File:Odin%27s_last_words_to_Baldr.jpg

Obwohl Baldur sicher in das Reich Helheim gebracht wurde, war sich Frigg fast sicher, dass sie ihren Sohn wieder zum Leben erwecken konnte. Und so schickte sie Hermod in die Unterwelt, wo er mit der Herrin der Toten verhandelte. Hel stimmte zu, Baldur und seine Frau ins Land der Lebenden zurückkehren zu lassen, wenn alle seinen Tod beweinten.

Also wurden wieder Boten durch die Reiche geschickt, um sicherzustellen, dass jeder im Universum zumindest eine einzige Träne für den strahlenden Gott vergoss. Hels Bedingung wurde fast erfüllt, aber sie wurde von der Riesin Thökk zunichte gemacht. Sie weigerte sich eiskalt, Baldurs Tod zu beweinen. Es war schwer zu glauben, dass es jemanden gab, der den schönen Gott hasste, es sei denn, die sture Riesin war niemand anderes als Loki in Verkleidung.

Der Tod des geliebten Gottes war etwas, das die Asen nicht vergessen konnten. Sie trauerten und ernährten sich tagelang von nichts als Trauer. Doch als die Trauer langsam nachließ, beschlossen die Götter, in Ägirs schimmernder Halle unter den wogenden Wellen ein Fest zu veranstalten, möglicherweise um die Stimmung nach dem verheerenden Vorfall aufzuhellen. Mit dem fünf Meilen tiefen Kessel, den Thor und Tyr zu ihm gebracht hatten, willigte Ägir ein, das Fest auszurichten, und er war in der Lage, den Göttern einen endlosen Vorrat an Met zu brauen.

Loki im Kampf mit den Göttern von Lorenz Frølich, 1895.
https://commons.wikimedia.org/wiki/File:Lokasenna_by_Lorenz_Fr%C3%B8lich.jpg

Fast alle Götter Asgards verließen an diesem Tag ihre Sitze und reisten zu Ägirs Halle, mit Ausnahme von Thor, der auf seinem üblichen Abenteuer in Jötunheim war. Odin und Frigg verließen ihre Hallen zuerst, gefolgt von Vidar, Sif, Idun und ihrem Mann Bragi. Dann folgte Njörd mit seinen Kindern Freyr und Freyja. Doch nicht nur die Götter nahmen an dem Fest teil, auch die Elfen nahmen ihren Platz ein. Sogar Loki war da, der in seinem Kopf nur Ärger und Unfug hatte.

Bald begann das Fest, und die Luft war erfüllt von Lachen und Geschwätz. Die Trinkhörner der Gäste waren nie leer, und sie wurden von zwei fleißigen Dienern bedient, und zwar Fimafengr, der flinke Händler, und Eldir, der Mann des Feuers. Sie bewegten sich mit großer Geschwindigkeit durch den Saal und unterhielten die Gäste in vollen Zügen und sorgten dafür, dass ihre Teller und Becher voll waren.

Die Götter waren von der harten Arbeit und dem Fleiß der beiden Diener so beeindruckt, dass sie sie immer wieder lobten. Loki hingegen war irritiert, dass alle sie liebten. Sein Gesicht rötete sich jedes Mal, wenn ihm ein weiteres Kompliment zu Ohren kam. Er musterte einen der Diener, Fimafengr, und als dieser an Loki vorbeiging, stürzte sich der Betrüger auf ihn und erstach ihn mit seinem Messer.

Das Lachen wurde sofort von einem lauten Aufschrei abgelöst, als der Diener blutüberströmt auf zu Boden fiel. Die Götter sprangen auf und zogen ihre Schwerter. Ohne zu zögern, jagten sie Loki aus dem Saal, und der Schwindler rannte geradewegs in den dunklen Wald und rettete so sein eigenes Leben. Als sie den Schatten des schelmischen Gottes nicht mehr in der Nähe sehen konnten, kehrten die Götter in Ägirs große Halle zurück und setzten ihr Festmahl fort. Es wurde noch mehr Met ausgeschenkt, und wieder war der Saal von großem Gelächter und Gesprächen erfüllt.

Nicht lange danach tauchte der Sohn von Laufey aus der dunklen Wildnis auf und ging auf die Halle zu. Loki hielt den anderen Diener, Eldir, an der Tür auf und unterbrach ihn unsanft bei seiner Arbeit. „Was war das für ein Lärm?", fragte der Betrüger. „Sag mir, Eldir, worüber reden die Götter da drinnen?"

Der Diener sagte ihm die Wahrheit. „Sie verglichen ihre Kräfte und Waffen und tauschten Geschichten über ihre größten Siege aus. Das ist alles. Du wirst dort keine guten Worte über dich finden."

Lokis Gesicht verzerrte sich zu einem finsteren Ausdruck. Er schob den Diener beiseite und machte sich auf den Weg zurück in die Halle. Er stand in der Tür, als hätte er nichts Unrechtes getan. Die Götter und Elfen, die auf der Bank saßen, begrüßten den Sohn von Laufey mit völligem Schweigen.

„Kann mir jemand wenigstens ein Bier bringen? Ich bin schon eine ganze Weile unterwegs." Keiner der Götter reagierte auf ihn, außer Bragi.

„Geh jetzt, Loki, denn die Götter heißen dich hier nicht willkommen."

Loki ignorierte den Gott und wandte sich an den Allvater. „Hoher Herr, sind wir nicht Blutsbrüder? Und haben wir nicht geschworen, dass wir niemals ohne den anderen trinken würden? Ich nehme nicht an, dass du vorhast, unser heiliges Band zu kappen."

Odin runzelte die Stirn und wandte sich an seinen Sohn Vidar. „Mach ihm etwas Platz, Vidar, bevor er noch mehr Unheil über uns bringt." Odins Sohn erhob sich und reichte dem Betrüger ein Horn mit Met. Dann kletterte Loki auf den Tisch und rief einen Toast aus. „Seid gegrüßt, Asen! Sei gegrüßt, Ásynjur! Mit Ausnahme von Bragi, der nichts von Gastfreundschaft versteht!"

Bragi versuchte, den Betrüger davon abzubringen, noch mehr Ärger zu machen. Er bot ihm ein Pferd, goldene Ringe und ein Schwert als Geschenk an, wenn Loki sich bereit erklärte, auf seinen Platz zurückzukehren und keinen Unsinn mehr von sich zu geben. Der Schwindler reagierte jedoch mit Beleidigungen, die er Bragi an den Kopf warf. Er beschuldigte den Gott, ein Feigling zu sein.

Loki verspottet Bragi von W. G. Collingwood, 1908.
https://commons.wikimedia.org/wiki/File:Loki_taunts_Bragi.jpg

Bragi war kurz davor, die Geduld zu verlieren, als der Sohn von Laufey ihn immer wieder beleidigte. „Bleib sitzen, Bragi", sagte seine Frau Idun und versuchte, ihn zu beruhigen. „Denk an die Ehre unserer Familie."

„Schweig, Idun!" Loki zeigte mit dem Finger auf die Göttin der Jugend. „Du bist auch nicht besser als dein Mann. Jeder in diesem Saal kennt deine Gier nach Sex! Du hast sogar mit dem Mörder deines Bruders im Bett gelegen!" Kein einziges Wort kam aus dem Mund der Göttin. Die Stille im Saal war offensichtlich, aber Loki hatte nicht vor, seine Späße so schnell zu beenden. Er fuhr fort, jeden einzelnen der anwesenden Götter zu beleidigen.

Seine nächsten Opfer waren die beiden Göttinnen der Fruchtbarkeit, Gefjun (auch Gefjon genannt) und Frigg. Loki zeigte mit dem Finger auf die beiden und beschuldigte sie der Untreue. „Du, Frigg, bist eine Frau ohne Schamgefühl. Das weiß ich, weil du mit beiden Brüdern deines Mannes geschlafen hast, während er weg war!"

Freyja sprang auf und ermahnte den Schwindler, seine Zunge zu hüten. „Hüte deine Worte, Loki! Frigg weiß alles, was noch geschehen wird, auch wenn sie es nie verraten würde!"

Der Schwindler ignorierte Freyjas Warnung. „Schweig, Freyja! Denn du bist nichts weiter als eine Hure. Du hast mit allen Göttern im Bett gelegen, mit Elfen und sogar mit Zwergen unter den Bergen!"

Keiner der Götter konnte sich Lokis scharfer Zunge entziehen, und keiner konnte ihn von seinen Streichen abhalten, alle bis auf den Donnergott, der gerade von seiner langen Reise aus Jötunheim zurückgekehrt war. Thor, der Mjölnir fest in der Hand hielt, ging wütend auf den lauten Schwindler zu. „Verschwinde, oder ich schlage dir mit meiner Macht den Schädel in hundert Stücke", drohte ihm der rotbärtige Gott.

Loki brauchte vier Todesdrohungen des Donnergottes, bis er das Fest endlich verließ. „Nun gut, Thor. Ich werde mich deinetwegen verabschieden, denn ich weiß, wozu du fähig bist." Dann warf er einen letzten Blick auf die Götter im Saal. „Nach heute Abend werdet ihr nie wieder ein so schönes Festmahl haben wie dieses. Bald wird das Feuer jeden Einzelnen von euch verschlingen, und alles, was ihr aufgebaut habt, wird zerstört werden."

Die Götter waren sprachlos und konnten die Machenschaften des Schwindlers nicht länger hinnehmen. Einige sagten, dass Loki, während er Frigg verspottete, versehentlich seine Rolle bei Baldurs Tod verraten hatte. Und so beschlossen die Götter, den Machenschaften des Schwindlers ein Ende zu setzen.

Loki kehrte nach dem Festmahl in Ägirs Halle nie wieder nach Asgard zurück. Er wusste, dass die Asen ihn früher oder später zur Strecke bringen würden, und so suchte er Zuflucht in den ungezähmten Landen von Jötunheim. Er wohnte in einem bescheidenen Haus auf dem Gipfel eines Berges. Dieses Haus war aus Steinen gebaut und hatte vier Türen, damit der Schwindler immer sehen konnte, ob jemand einbrach.

Tagsüber verwandelte sich der Gott des Unheils in einen Lachs und versteckte sich mit den anderen Fischen unterhalb eines versteckten Wasserfalls. Aus Angst, die Götter könnten seine Verkleidung entdecken, verbrachte Loki seine Nächte damit, Werkzeuge zu erfinden, von denen er dachte, die Götter könnten sie erfinden, um ihn zu fangen. Eines Nachts, als er an seinem Lagerfeuer saß, webte der Betrüger ein Fischernetz, dessen Maschen so fein geflochten waren, dass nicht einmal der kleinste Fisch hindurchschwimmen konnte. Und so begann der Schwindler, über einen Ausweg nachzudenken, falls die Götter das Netz jemals gegen ihn einsetzen sollten.

Plötzlich wurde der verängstigte Gott durch ein Geräusch in der Ferne aufgeschreckt. Er wusste, dass es von den Göttern kam. Der Allvater musste schließlich sein Versteck auf dem Hochsitz Hlidskjalf (Hliðskjálf) entdeckt haben. In Panik warf Loki das Fischernetz in die Flammen, verwandelte sich schnell in einen Lachs und sprang in den kalten Fluss.

Kvasir, der weise Gott, stürmte in sein viertüriges Haus und entdeckte das halb verbrannte Fischernetz. Aufgrund von Lokis eigener Unachtsamkeit wussten die Götter, was sie erschaffen mussten, um ihn zur Strecke zu bringen. Und so flochten die Asen ein anderes Netz, das genauso fein war wie das, das Loki hergestellt hatte, und warfen es in den Fluss. Der Betrüger schaffte es jedoch, der Falle zu entkommen. Die Asen warfen ihr Netz noch mehrere Male aus, aber es gelang ihnen nicht, den Lachs zu fangen.

Schließlich verlor Thor die Geduld. Er ließ das Netz zurück und watete in die Mitte des Flusses. Loki beschloss, ins offene Meer zu fliehen, und machte einen kühnen Sprung. Doch er konnte seinem Schicksal nicht entkommen, denn Thor gelang es, ihn in der Luft am Schwanz zu packen.

Den Göttern war es nicht erlaubt, den Unruhestifter zu töten, da er ein geschworener Blutsbruder von Odin war. Also brachten die Götter ihn stattdessen in eine abgelegene Höhle. Dann schleppten sie drei riesige Steinplatten herbei und bohrten in jede ein Loch. Bevor sie sich an Loki rächten, holten sie seine beiden Söhne herein. Einer der Götter verwandelte Váli in einen Wolf, und dieser Wolf riss seinen Bruder Narfi in Stücke. Die Götter weideten den erschlagenen Narfi aus. Mit seinen blutigen Eingeweiden fesselten die Asen Loki an die drei Steinplatten. Um sicherzustellen, dass der Betrüger noch mehr litt, verwandelten die Götter seine Fesseln in starres Eisen.

Skadi, die Tochter des Riesen Thjazi, erinnerte sich daran, dass Loki einst eine Rolle bei der Ermordung ihres Vaters gespielt hatte, und platzierte daher eine Schlange über dessen Gesicht. Diese Schlange würde ihm ihr Gift in die Augen träufeln. Aber Lokis Frau war treu wie immer. Sie blieb an der Seite ihres Mannes und hielt eine Schale hoch, damit das Gift nicht Lokis Augen und Haut berühren konnte. Doch mit der Zeit füllte sich die Schale bis zum Rand, und Sigyn blieb nichts anderes übrig, als sie zu leeren. Jedes Mal, wenn sie sich von ihm entfernte, tropfte das Gift in Lokis Augen, und er schrie vor Schmerz und verursachte dadurch schreckliche Erdbeben, die im ganzen Universum zu spüren waren.

Erst als Ragnarök nahte, konnte Loki sich von seiner Strafe befreien. Bis dahin würde er in der Höhle bleiben, gefesselt und unter Schmerzen.

Kapitel 17 - Ragnarök

„Da seh ich auftauchen | zum andernmale

Aus dem Waßer die Erde | und wieder grünen.

Die Fluten fallen, | darüber fliegt der Aar,

Der auf dem Felsen | nach Fischen weidet. "

(*Völuspá*, Strophe 57, übersetzt von Karl Simrock)

Das Land war vollständig mit Schnee bedeckt. Der Wind wehte unaufhörlich aus allen Richtungen und ließ die Temperatur mit jeder Sekunde sinken. Die Wärme der Sonne konnte die Erde nicht mehr erreichen. Weder die Pflanzen noch die stärksten Tiere vermochten das Wetter zu überleben. Bauern, Adlige, Helden, Könige und Königinnen blieben in ihren Behausungen, zitternd und voller Angst vor dem, was als Nächstes geschehen würde. Ein weiteres Jahr verging, und nicht die geringste Wärme war zu spüren. Der Winter hatte sich der Welt bemächtigt und ließ dem Sommer keinen Raum, um wieder zu erblühen. Schließlich waren drei Jahre vergangen, und auf der Welt schneite es immer noch.

Bald begannen die Menschen, sich gegenseitig zu bekämpfen. Auf dem kalten Schlachtfeld tobten immer wieder Kriege. Tag und Nacht hallte das Geräusch von Äxten, Schwertern und Speeren, die auf eiserne Schilde prallten, durch die Ebenen. Die Nahrungsvorräte gingen zur Neige, Ressourcen konnten nicht mehr gesammelt werden, und das Wetter wurde immer schlechter. Die Menschen waren verzweifelt. Ihre Moral sank, und es gab keine

Gerechtigkeit mehr. Väter töteten ihre Söhne, nur damit sie genug zu essen bekamen. Männer schlachteten ihre eigenen Mütter ab, und Brüder töteten sich gegenseitig, nur um einen weiteren Tag zu überleben.

Dies war weder ein normaler Winter noch ein Klimawandel. Dieser Winter war als Fimbulwinter bekannt und dauerte drei Jahre lang an, ohne dass es einen Sommer gab. Er war außerdem eines der Anzeichen dafür, dass Ragnarök vor der Tür stand.

Für das altnordische Wort Ragnarök gibt es mehr als eine Übersetzung. Manche übersetzen das Wort mit Götterdämmerung, andere nennen es Schicksal der Götter. Doch egal, wie man es übersetzt, die Ereignisse, die sich in dieser Zeit abspielen sollten, blieben dieselben. Die Götter von Asgard würden schließlich gegen die Mächte des Chaos unter der Führung von Loki kämpfen, und die Welt würde untergehen und nur Blut und Asche zurücklassen.

Die Nornen hatten bereits das Schicksal aller Wesen, einschließlich der mächtigen Götter Asgards, vorherbestimmt, und es gab keine Möglichkeit, es zu verhindern. Der Allvater war sich dessen bewusst und tat alles, was er konnte, um die katastrophale Zerstörung zumindest zu verzögern. Er bereiste die Welt auf der Suche nach Wissen, rief die Seele einer toten Seherin herbei, um sich über zukünftige Ereignisse zu informieren, stellte seine eigene tapfere Armee auf und sperrte diejenigen ein, von denen man sagte, sie seien Teil der Mächte des Chaos, einschließlich seines Blutsbruders Loki. Als Baldur starb, wusste Odin, dass sie alle dem Ragnarök einen Schritt nähergekommen waren, aber als der strenge Winter kam und drei Jahre lang ohne Unterbrechung andauerte, wurde der Allvater von Furcht ergriffen, da er wusste, was als Nächstes geschehen würde.

Um die Götter in Asgard vor dem Beginn des Krieges zu warnen, krähte ein Hahn namens Gullinkambi so lange, bis er in jedem Raum in Walhalla widerhallte. Sobald sie dies hörten, bereiteten sich die Gefolgsleute schnell auf den Kampf vor. Ein anderer Hahn namens Fjalar krähte auch im ungezähmten Land Jötunheim, um den Riesen den Beginn des Krieges zu signalisieren. Anders als die Götter lächelten die Riesen, als sie dieses Signal hörten. Auch in Hel machten sich die unehrenhaften Toten bereit, sobald ein dritter, namenloser Hahn krähte. Diesmal bellte der blutige Hund von Hel außerhalb der Gnipa-Höhle wild, denn er wusste, dass er bald von seinen Fesseln befreit sein würde.

Die Götter saßen weiterhin unruhig auf ihren Thronen, während die Welt sich verdunkelte. Sköll und Hati hatten Sol und Mani seit Anbeginn der Zeit gejagt. Nie war es den Wölfen gelungen, sie zu verschlingen, doch diesmal würde es anders sein. Sköll würde schließlich den Wagen mit Sol einholen, was dazu führte, dass er die Sonne verschlang, während Hati den Mond begierig verschlang. Auch die Sterne würden vom offenen Himmel verschwinden und nur Dunkelheit und Leere am Himmel zurücklassen.

Dann war es für die Zwerge unter der Erde an der Zeit, ihre Behausungen zu verlassen, denn die Erde begann, fürchterlich zu beben. Die Ländereien an allen Ecken und Enden der Welt bebten so stark, dass sogar der Weltenbaum Yggdrasil nicht mehr stehen konnte. Als die mächtige Esche zu Boden stürzte, taten dies auch die anderen Bäume im Universum. Berge spalteten sich in zwei Hälften, und Felsbrocken zerbrachen in eine Million Stücke.

Durch das Erdbeben gelang es Fenrir, sich aus seinen Fesseln zu befreien. Der Wolf war einst in Asgard aufgewachsen, aber er war von den Göttern verraten worden, als er zu groß wurde. Deshalb wünschte sich Fenrir nichts anderes als Rache. Endlich von Gleipnir befreit, rannte der Riese mit weit aufgerissenem Maul durch das Reich und verschlang alles, was sich ihm in den Weg stellte.

Zur gleichen Zeit ließ ein anderer von Lokis monströsen Nachkommen, Jörmungandr, seinen eigenen Schwanz los, der Midgard umgab. Daraufhin erhob sich die riesige Schlange aus dem bodenlosen Meer und verursachte schreckliche Wellen und eine große Flut, die die Welt der Menschen überspülte. Während die Weltenschlange auf Asgard zusteuerte, spuckte sie ein Gift entlang des Weges, das alles töten konnte, sogar die Götter.

Während die Flut die Menschen in Angst und Schrecken versetzte, war dies die Gelegenheit für das Schiff Naglfar, in See zu stechen. Dieses gewaltige Schiff war aus den Fingernägeln der Toten gemacht und war von der Königin von Helheim selbst gebaut worden. Loki, der sich ebenfalls von seinen Fesseln befreit hatte, sollte das Schiff durch die Flut steuern. An Bord von *Naglfar* befanden sich Tausende von Riesen und die Armeen der Toten. Sie alle waren bereit, das Blut der Götter zu kosten. Und am

Himmel schwebte ein Adler umher und signalisierte mit seinem Schrei, dass sich die Schlacht näherte.

„Der Riese mit dem Flammenschwert" von John Charles Dollman, veröffentlicht 1909.
https://commons.wikimedia.org/wiki/File:The_giant_with_the_flaming_sword_by_Dollman.jpg

Während die Erde weiter bebte und die Bäume aus dem Boden gerissen wurden, riss der leere Himmel auf. Durch diese Öffnung strömte eine Schar von Feuerriesen aus Muspelheim in die Welt unter ihnen. Angeführt wurden sie von keinem Geringeren als Surt, der sein flammendes Schwert über die Welt schwang. Die Feuerriesen verbrannten alles auf der Erde und verwandelten die bereits zerstörten Länder in nichts als Asche. Dann marschierten Surt und seine Schergen über Bifröst, und ihre Feuerspuren brachten die Regenbogenbrücke langsam zum Einsturz. Als die flammenden Riesen auf halbem Weg nach Asgard waren, tauchten die Frostriesen unter der Führung eines Jötunn namens Hrym wieder auf, überquerten die eisigen Flüsse und zogen in Richtung der befestigten Stadt.

Heimdall, der die Söhne Muspelheims aus der Ferne sah, blies sofort das Gjallarhorn, um den Göttern Asgards ein Zeichen zu geben. Daraufhin versammelten sich alle Götter in der Stadt zu einer letzten Beratung, außer dem Allvater. Odin bestieg stattdessen sein achtbeiniges Ross und machte sich auf den Weg zu Mímisbrunnr. Dort angekommen, wandte sich der einäugige Gott an das weise Wesen und bat es um Rat. „Es gibt nur ein Ende für diese Zerstörung, und du weißt es", sprach Mimir. „Es ist höchste Zeit, dass du dein Schicksal annimmst."

Und so begann es und Odin bewaffnete sich mit seinem mächtigen Speer und setzte sich einen glänzenden Panzer und seinen Helm mit goldenen Flügeln auf. Dann kehrte er nach Walhalla zurück, wo er seine tapferen Krieger, die Einherjar, vorbereitete. Der Allvater und die anderen kriegerischen Götter Asgards marschierten nach Vigrid, der leeren Ebene, auf der die Schlacht stattfinden sollte. Odin stand vor den Einherjar, eine seiner Hände fest um Gungnir geschlungen. Natürlich waren sie den Riesen zahlenmäßig unterlegen, aber sie hielten standhaft ihren Mann. Unter den Riesen gab es nur eine Kreatur, die den Allvater blass werden ließ, und das war niemand anderes als sein Schicksalsfeind Fenrir.

Der Riese trat vor und stellte sich dem einäugigen Gott entgegen. Sein bedrohliches Knurren war vom ganzen Schlachtfeld aus zu hören. Thor hingegen begann, die Weltenschlange mit seinem Hammer zu schlagen. Der Donnergott tobte, wie auch Jörmungandr, der schon lange darauf gewartet hatte, seinen Feind zu töten. Das Schlachtfeld von Vigrid bebte weiter, als Freyr dem Herrscher von Muspelheim, Surt, gegenüberstand. Der Vanir-Gott war jedoch nicht ganz so entschlossen, gegen seinen Feind zu kämpfen, da ihm sein wertvolles Schwert fehlte. Hätte er das Schwert nicht an Skírnr übergeben, wäre sein Schicksal vielleicht anders verlaufen. Tyr, der einhändige Gott, war ebenfalls auf dem Schlachtfeld beschäftigt. Er wehrte Garm, den blutigen Hund von Helheim ab, der versuchte, seine andere Hand abzubeißen. Am anderen Ende des Schlachtfelds befand sich Heimdall. Er kämpfte gegen den rachsüchtigen Gott des Unheils, Loki, mit dem Schwert.

Die Schlacht dauerte lange Zeit an. Sowohl die Götter als auch die Mächte des Chaos vergossen gegenseitig das Blut der anderen. Die Einherjar kämpften tapfer an Odins Seite, aber niemand konnte den Allvater vor seinem Schicksal bewahren, denn er war dazu bestimmt, von dem riesigen Wolf verschlungen zu werden. Fenrir bekam schließlich seine Rache und riss sein Maul zu. Er jaulte zum Zeichen seines Sieges, doch das Gebrüll wurde unterbrochen, als Odins Sohn Vidar ihn mit feurigen Augen angriff. Der schweigsame Gott stürzte sich auf den Riesenwolf und trat ihm mit seinem eisenbeschlagenen Schuh auf den Unterkiefer. Mit seinen bloßen Händen riss der Gott Fenrir den Kiefer auf und tötete ihn auf der Stelle.

Thor und die Weltenschlange von Emil Doepler, 1905.
https://commons.wikimedia.org/wiki/File:Thor_und_die_Midgardsschlange.jpg

Auf der einen Seite des Schlachtfelds sah man Thor, wie er Mjölnir in den Himmel hob, bereit, der Weltenschlange einen tödlichen Schlag zu versetzen. Jörmungandr wurde schließlich durch die Hände des Donnergottes besiegt, doch bevor sie zu Boden fiel, gelang es der Schlange, ihr tödliches Gift zu spucken, bis der Gott von Kopf bis Fuß damit bedeckt war. Als Jörmungandr tot war, machte Thor genau neun Schritte, bevor sein Körper ihn im Stich ließ. Zum ersten Mal fiel ihm Mjölnir aus der Hand, und der Donnergott ergab sich in sein Schicksal.

Das Gleiche geschah mit Tyr und Garm, als sie sich im Kampf gegenseitig verwundeten. Beide starben, und keiner ging als Sieger hervor. Das Gleiche könnte man auch über Heimdall und den Sohn von Laufey sagen. Heimdall beendete erfolgreich Lokis Verrat und Tricks, indem er ihn gnadenlos tötete. Doch bevor er starb, gelang es Loki, dem Vater der Menschheit noch ein paar schwere Hiebe zu verpassen. Und so verloren die Götter ihren Wächter.

Beide Seiten des Krieges hatten schwere Verluste erlitten, und viele waren gestorben. Die Ebene von Vigrid war blutgetränkt, und überall lagen Leichen, seien es Riesen, Monster oder Götter. Die Welt begann, im großen Ozean zu versinken, und es blieb nichts übrig als eine leere Weite. Die Prophezeiung hatte sich erfüllt. Alles, was der Allvater geschaffen hatte, war zerstört.

Eine Darstellung der neuen Welt von Emil Doepler, ca. 1905.
https://commons.wikimedia.org/wiki/File:After_Ragnar%C3%B6k_by_Doepler.jpg

Einige glaubten jedoch, dass Ragnarök nicht das Ende von allem war und dass die Welt bald wiedergeboren werden würde. Wenn auf dem Schlachtfeld kein Gebrüll und keine Schreie mehr zu hören waren und alle von den Muspelheimern entzündeten Flammen erloschen waren, würde sich eine neue Welt aus den Wassern erheben. Berge würden Gestalt annehmen, Wasserfälle würden entstehen und neue Flüsse würden sich bilden.

Die überlebenden Götter versammelten sich in der unberührten Ebene von Idafeld. Die Söhne Thors, Magni und Modi, trugen den Hammer ihres Vaters in die Ebene, wo sie sich mit Vidar, Váli,

Njörd und Hönir trafen. Einige Quellen behaupten sogar, dass die meisten Göttinnen, darunter Freyja, Frigg und Sif, die katastrophale Zerstörung überlebt hätten. Sollte dies der Fall sein, hätten sie sich ebenfalls in Idafeld versammelt.

Als die Reiche zerstört waren, konnten auch Baldur, seine Frau Nanna und Hod Helheim verlassen. Gemeinsam zogen sie durch das karge Land, um die übrigen Götter zu treffen. Hönir, der Gefährte des verstorbenen Allvaters, würde dann sein großes Wissen an die jüngeren Götter weitergeben. Gemeinsam bauten sie eine neue Halle namens Gimle, in der die Götter wohnen und ihre Kräfte wiedererlangen sollten.

Eine Darstellung von Líf und Lífthrasir von Lorenz Frølich, 1895.

Bald war der Himmel geheilt, und eine neue Sonne wurde geboren, dank Sols überlebender Tochter, die gerne die Rolle ihrer Mutter übernahm. Mit der Zeit begannen die Gräser auf dem öden Land zu wachsen, und die Bäume wuchsen hoch und bildeten neue Wälder und Forste. Blumen blühten und schmückten das fruchtbare Land, und Tiere wurden wiedergeboren, um die Erde zu bevölkern. Die Menschen waren durch die Ereignisse von Ragnarök vernichtet worden, bis auf zwei namens Líf und Lífthrasir. Als sie aus ihren Verstecken hervorkamen, bauten die beiden ihr neues Leben auf dem neuen Land auf. Die Zeit würde vergehen, und die Menschen würden die Erde wieder bevölkern.

Schlussfolgerung

Ob Ragnarök schon einmal stattgefunden hat oder noch bevorsteht, bleibt ungewiss. Die nordische Mythologie ist voller Geheimnisse, was sie sowohl faszinierend als auch verblüffend macht. Im Gegensatz zu den bekannten Geschichten der griechischen Mythologie sind die nordischen Mythen erst viel später wieder aufgetaucht. Die Geschichten wurden erstmals von den Wikingern mündlich überliefert. Die Wikinger werden oft mit barbarischen Raubzügen und extremen Kriegen in Verbindung gebracht, aber nur wenige von uns wissen, dass diese alten Krieger auch in Sachen Kunst und Geschichtenerzählen außergewöhnlich begabt waren. Die Verbindung zwischen den Wikingern und der nordischen Mythologie ist eng, denn sie waren es, die die Geschichten der Götter und die Heldensagen weitergaben, meist in Form von Gedichten.

Da sie jedoch mündlich überliefert wurden, gingen die meisten dieser Erzählungen im Laufe der Geschichte verloren. Erst Mitte des 13. Jahrhunderts sammelte ein anonymer Autor diese Geschichten und bewahrte sie im Codex Regius auf. Der Codex wurde jedoch erst 1643 gefunden.

Die nordische Mythologie fand erst im 19. Jahrhundert weltweit Beachtung und war zuvor nur in Skandinavien weit verbreitet. Die alten Gedichte wurden in verschiedene Sprachen übersetzt und waren bald eine große Inspiration für moderne Dichter, Theaterstücke, Opern, Filme, Romane und Videospiele.

Der englische Schriftsteller und Dichter J. R. R. Tolkien verfasste seine Fantasy-Romane auf der Grundlage der nordischen Mythologie und wurde damit zu einer echten Sensation. Der nordische Donnergott Thor ist vielen durch seine Darstellungen in den Comics und Superheldenfilmen von Marvel bekannt. Auch große Videospielentwickler haben viele nordische Sagen und Legenden in ihre Spiele übernommen. Einige präsentieren ihre Darstellungen der Götter, während andere einen ganz anderen Charakter und eine andere Geschichte erschaffen, die auf den vielen vorhandenen Details in den mythischen Legenden basieren. Selbst Musiker, insbesondere isländische Metal-Bands, beziehen sich in ihren Texten und Liedern auf verschiedene nordische Mythen. Auf diese Weise hat die nordische Mythologie die Zeit überdauert und ist für immer in der Literatur und der modernen Kunst verewigt.

Aber nicht nur die Welt der Unterhaltung ist von den nordischen Mythen beeinflusst. In Skandinavien, insbesondere in Island, sind sie seit jeher Teil der Kultur und Tradition. Städte, Straßen und Stadtteile sind nach den nordischen Göttern benannt. Reykjavík ist nicht nur als Hauptstadt von Island bekannt, sondern auch als Viertel der Götter. In der Stadt gibt es ein Gebiet, in dem die Straßen nach den Göttern und anderen berühmten nordischen Persönlichkeiten benannt sind. Da gibt es die Óðinsgata (Odins Straße), die nach dem Allvater benannt ist, die Týsgata (Tyrs Straße), die ihren Namen dem einhändigen Gott verdankt, die Baldursgata und sogar die Lokastígur, nach dem Schwindler Loki. Tórshavn, die Hauptstadt der Färöer, bedeutet einfach Thors Hafen, und das Wappen zeigt den mächtigen Hammer des Donnergottes, Mjölnir. Schweden hat auch ein Schiff, das nach der Göttin Sigyn benannt ist. Der Name des Schiffes bezieht sich auf die Geschichte, wie Sigyn, die treue Frau von Loki, das Gift der Schlange auffing, die über ihrem gefesselten Ehemann stand. Das Schiff wurde für den Transport von nuklearen Abfällen aus schwedischen Kernkraftwerken eingesetzt.

Obwohl ihre Wurzeln nie in Vergessenheit gerieten, hatte die Wiederentdeckung der nordischen Mythen große Auswirkungen auf das Leben der skandinavischen Völker. Es ist möglich, sich in altnordischer Literatur und Mythologie weiterzubilden, aber auch die Bewegung von Ásatrú zu erkunden. Die altnordische Religion wurde während der Wikingerzeit praktiziert, bevor sie Ende des 10. Jahrhunderts vom Christentum abgelöst wurde. Doch mit der Wiederentdeckung archäologischer und volkskundlicher Zeugnisse wurde der alte Glaube wiederbelebt und ist nun als Ásatrú bekannt. Seit der Wiederanerkennung als Religion im Jahr 1973 ist es die am schnellsten wachsende Religion in Island, und der erste Tempel befindet sich derzeit im Bau. Und so werden die Geschichten und mythischen Legenden von Odin und seinen Götterkollegen weiterleben.

Schauen Sie sich ein weiteres Buch aus der Reihe Enthralling History an.

Quellenverzeichnis

Batista, J. V. (2020, 3. Mai). *Odins Ehefrauen.* Jay Veloso Batista.

Birkett, T. (2018). *Die nordischen Mythen: Geschichten der nordischen Götter und Helden anschaulich nacherzählt.*

Quercus Publishing.

Britannica. (n.d.). *Tyr*

Britannica Kids. (n.d.). *Sol und Mani.* https://kids.britannica.com/students/article/Sol-and-Mani/313604

George, J. J. (2019, September 7). *Nordische Mythologie: Der Fenriswolf.* Owlcation. https://owlcation.com/humanities/Norse-Mythology-The-Fenris-Wolf

Greenberg, M. (2020, Dezember 29). *Wer war Baldur in der nordischen Mythologie?* Mythologie .

Quelle. https://mythologysource.com/baldur-norse-god

Groeneveld, E. (2018, Februar 19). *Freyja.* Enzyklopädie der Weltgeschichte. https://www.worldhistory.org/Freyja

Jay, N. (n.d.). *Wer ist Gullveig?* Symbol Sage. https://symbolsage.com/gullveig-norse-mythology

Kids Britannica. (n.d.). *Hermod.* https://kids.britannica.com/students/article/Hermod/311662

Manea, I. (2021, März 15). *Heimdall.* Enzyklopädie der Weltgeschichte. https://www.worldhistory.org/heimdall

Mark, J. J. (2021, August 27). *Frigg.* Enzyklopädie der Weltgeschichte. https://www.worldhistory.org/Frigg

Mark, J. J. (2021, August 30). *Sleipnir*. Enzyklopädie der Weltgeschichte. https://www.worldhistory.org/Sleipnir

McCoy, D. (n.d.). *Ginnungagap*. Nordische Mythologie für kluge Leute. https://norse-mythology.org/cosmology/ginnungagap

McCoy, D. (n.d.). *Die Fesselung des Fenrir*. Nordische Mythologie für kluge Leute. https://norse-mythology.org/tales/the-binding-of-fenrir

McCoy, D. (n.d.). *Die Festung von Asgard*. Nordische Mythologie für kluge Leute. https://norse-mythology.org/tales/the-fortification-of-asgard

McCoy, D. (n.d.). *Der Met der Poesie*. Nordische Mythologie für kluge Leute. https://norse-mythology.org/tales/the-mead-of-poetry

McCoy, D. (n.d.). *Die Nornen*. Nordische Mythologie für kluge Leute. https://norse-mythology.org/gods-and-creatures/others/the-norns

Neue Welt Enzyklopädie. (n.d.). *Tyr*. https://www.newworldencyclopedia.org/entry/Týr#Major_Mythic_Tales

Neue Welt Enzyklopädie. (n.d.). *Yggdrasil*. https://www.newworldencyclopedia.org/entry/Yggdrasill

Norman. (2009, 14. Februar). *Brunhilde*. Die nordischen Götter. https://thenorsegods.com/brunhilde

Norman. (2012, Mai 18). *Der Bau der Mauer von Asgard*. Die nordischen Götter. https://thenorsegods.com/the-building-of-asgards-wall

Norman. (2013a, Januar 6). *Die Halskette der Brings*. Die nordischen Götter. https://thenorsegods.com/the-necklace-of-the-brisings

Norman. (2013b, April 9). *Die Niederlage von Hymir*. Die nordischen Götter. https://thenorsegods.com/the-lay-of-hymir

Norman. (2013c, November 11). *Loki's Flyting*. Die nordischen Götter. https://thenorsegods.com/lokis-flyting

Skandinavien Fakten. (n.d.). *Svartalfheim (Nidavellir) in der nordischen Mythologie: Elfen, Zwerge und mehr*. https://scandinaviafacts.com/svartalfheim-nidavellir-in-norse-mythology-elves-dwarfs-and-more

Skjalden. (2011). *Die Neun Reiche in der nordischen Mythologie*. https://skjalden.com/nine-realms-in-norse-mythology/amp

Skjalden. (2011, 1. Juni). *Alvíss*. https://skjalden.com/alviss

Skjalden. (2019). *Soziale Klassen in der Wikingergesellschaft*. https://skjalden.com/viking-social-classes/amp

Skjalden. (2020, Juli 22). *Ginnungagap*. https://skjalden.com/ginnungagap

Skjalden. (2020, Juli 28). *Thors Kampf mit den Riesen*. https://skjalden.com/thors-battle-with-the-giants

Skjalden. (2020, 5. September). *Thors Ziegen*. https://skjalden.com/thors-goats

Skjalden. (2020, 25. September). *Nótt & Dagr in der nordischen Mythologie*. https://skjalden.com/nott-and-dagr

Die Poetische Edda, *Grímnismál*, trans. Henry Adams Bellows (1936). https://www.sacred-texts.com/neu/poe/poe08.htm

Die poetische Edda, *Harbarthsljoth*, trans. Henry Adams Bellows (1936). https://www.sacred-texts.com/neu/poe/poe08.htm

Thor's Hammer Amulette. (n.d.). Sol-Land. http://www.sol-land.org/thors-hammer-amulets.html

Was ist Niflheim in der nordischen Mythologie? (n.d.). Mythologian.Net. https://mythologian.net/what-is-niflheim-norse-mythology

Wikipedia. (2021, 23. September). *Tiwaz (Rune)*. https://en.wikipedia.org/wiki/Tiwaz_(rune)

Williams, J. A. (2021, September 29). *Die neun Welten der nordischen Mythologie erklärt*. Grunge. https://www.grunge.com/618744/the-nine-worlds-of-norse-mythology-explained

Weltgeschichte Edu. (2021, Juli 12). *Ask und Embla: Die ersten beiden Menschen in der nordischen Mythologie*. https://www.worldhistoryedu.com/ask-and-embla-the-first-two-humans-in-norse-mythology

Milton Keynes UK
Ingram Content Group UK Ltd.
UKHW022013181223
434628UK00006B/414